주님, 제가 재난 사고를
당하지 않게 지켜 주옵소서!

**재난 재해 안전 무릎 기도문**

특별히 ______________ 님께

이 소중한 책을 드립니다.

"여호와 하나님은 너를 지키시는 이시라 여호와 하나님께서 네 오른쪽에서 네 그늘이 되시나니 낮의 해가 너를 상하게 하지 아니하며 밤의 달도 너를 해치지 아니하리로다 여호와 하나님께서 너를 지켜 모든 환난을 면하게 하시며 또 네 영혼을 지키시리로다 여호와 하나님께서 너의 출입을 지금부터 영원까지 지키시리로다"(시편 121편 5~8절)

"여호와 하나님은 나의 반석이시요 나의 요새시요 나를 건지시는 이시요 나의 하나님이시요 내가 그 안에 피할 나의 바위시요 나의 방패시요 나의 구원의 뿔이시요 나의 산성이시로다"(시편18편 2절)

"여호와 하나님께서 집을 세우지 아니하시면 세우는 자의 수고가 헛되며 여호와 하나님께서 성을 지키지 아니하시면 파수꾼의 깨어 있음이 헛되도다"(시편 127편 1절)

## 스스로 자신을 지키는 방법을 배워야 한다!

프랑스의 세계적인 석학인 기 소르망 교수는 “세월호 참사의 여러 요인들 가운데 하나는, 학교 선생님의 지시 없이는 움직이지도 못하게, 복종을 강조하는 유교적 전통 교육의 문제점도 있었다.
학생들이 위험하다고 판단했을 때 갑판으로 나온 것이 아니라 복종 때문에 선실에 남아 있다가 비극이 일어났다. 창의성 대신 수동성을 강조하는 교육방식이 학생들 피해를 키웠다.“라고 발표했다.

**그러므로 스스로 자신을 지키는 방법을 배워야 한다.**

“애들아! 가만히 있거라”는 어른들 말만 믿으면 안되고, 각종 재난에서의 창의적 생존법을 유아 때부터 채계적인 교육으로 익혀야한다. “어쩌지?”에 대한 답을 훈련 해야 한다.
그리고 무엇보다 중요한 것은, 우리의 생사화복을 주관하시는 전지전능하신 하나님께 기도를 통해
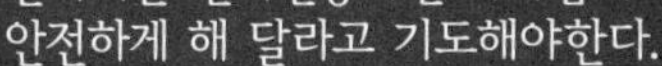
안전하게 해 달라고 기도해야한다.

## 선진국에서의 재난관리 원칙

1. 통합된 재난관리 시스템: 1979년에 설립된 미국 연방재난관리청은 모든 재난을 지휘한다. 정부는 이 기관을 통해 사고 수습 가이드와 지원체계 구성을 마련하면서 신속한 통합재난관리를 돕는 식이다. 연방재난관리청은 사고 수습이 마무리되면 사건의 경과와 대처 문제점을 담은 보고서를 발표해 똑같은 사고를 확실하게 방지하도록 하고 있다.

2. 가정에서부터의 안전교육: 일본의 재난 관리는 조직(학교나 정부) 차원이 아닌 가정에서부터 이뤄진다. 그들은 가족 사이에서 입에 올리고 싶지 않은 재난 상황을 회피하지 않는다. 오히려 위급 상황을 상정해 가족 간 의견을 나누고 실질적인 훈련을 벌이기도 한다.

3. 재난과 더불어 산다는 인식: 영국의 경우 정부 차원에서 "위험 대비는 우리의 일상"이라며 시민안전비상대비실을 운영하고 있다. 또한 재난 목록을 만들어 인터넷을 통해 누구나 알 수 있게 공유하고 있다. 이것은 테러 등이 터졌을 때 경찰·소방서 등 각 기관의 역할 분담 내용과 각종 대응 절차 등을 간결하게 정리한 자료다.

주님, 제가 재난 사고를
당하지 않게 지켜 주옵소서!

# 재난 재해 안전 무릎 기도문

〈자녀용〉

나침반

1. 기도를 시작하기 전 먼저, 그 날 기도 제목과 그 날 묵상할 성경구절을 소리 내어 읽으십시오.
2. 30일 동안 매일 적당한 시간을 내어 머리로 읽지 말고 마음으로 읽으며 기도하십시오. 30일 기도가 끝난 후에도 수시로 반복해 기도 하십시오.
3. 5일이 지날 때 마다 기도의 내용을 되돌아보고 대처법(안전원칙)에 대한 복습을 하십시오.
4. 대처법을 복습할 때, 대처법은 참고만 하고, 실제상황에서는 그때그때 하나님께 기도할 때 하나님이 주시는 지혜로 행동하십시오.

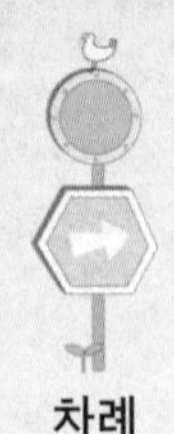

차례

1일 '묻지마 사고'로부터 저를 지켜주소서!
2일 '흉기 사고'로부터 저를 지켜주소서
3일 '질식 사고'로부터 저를 지켜주소서!
4일 '압사 사고'로부터 저를 지켜주소서!
5일 '일사병'과 '열사병'에서 저를 지켜주소서!
6일 '버스 사고'로부터 저를 지켜주소서!
7일 '지하철 사고'로부터 저를 지켜주소서!
8일 '비행기 사고'로부터 저를 지켜주소서!
9일 '선박 사고'로부터 저를 지켜주소서!
10일 '납치 사고'로부터 저를 지켜주소서!
11일 '화재 사고'로부터 저를 지켜주소서!
12일 '세균간염 사고'로부터 저를 지켜주소서!
13일 '태풍과 홍수'로부터 저를 지켜주소서!
14일 '감전 사고'로부터 저를 지켜주소서!
15일 '테러'로부터 저를 지켜주소서!
16일 '교통 사고'로부터 저를 지켜주소서!
17일 '추락 사고'로부터 저를 지켜주소서!

18일 ‘물놀이 사고’로부터 저를 지켜주소서!

19일 ‘폭발물 사고’로부터 저를 지켜주소서!

20일 ‘낙하 사고’로부터 저를 지켜주소서!

21일 ‘성폭력 사고’로부터 저를 지켜주소서!

22일 ‘독극물 사고’로부터 저를 지켜주소서!

23일 ‘심장마비 사고’로부터 저를 지켜주소서!

24일 ‘방사능 오염’으로부터 저를 지켜주소서!

25일 ‘지진 사고’로부터 저를 지켜주소서!

26일 ‘맹수와 진드기’로부터 저를 지켜주소서!

27일 ‘승강기 사고’로부터 저를 지켜주소서!

28일 ‘놀이기구 사고’로부터 저를 지켜주소서!

29일 ‘뇌진탕 사고’로부터 저를 지켜주소서!

30일 ‘그외 모든 사고’로부터 저를 지켜주소서!

# 1일

# '묻지마 사고'로부터 저를 지켜주소서!

사회가 몹시 흉흉합니다. 심지어 아무 이유도 없이 사람을 해치는 '묻지마 사고'도 심심찮게 벌어지고 있습니다. 이것은 우리의 바로 몇 분 뒤의 삶을 알 수가 없음을 알려줍니다. 불안한 이 시대에 '묻지마 사고'로부터 보호해주시도록 기도하십시오.

## 기도하기 전 읽고 묵상할 성구

"여호와 하나님을 경외하는 자에게는 견고한 의뢰가 있나니 그 자녀들에게 피난처가 있으리라."
(잠언 14장 26절)

"사람을 두려워하면 올무에 걸리게 되거니와 여호와 하나님을 의지하는 자는 안전하리라."
(잠언 29장 25절)

"하나님은 그를 의지하는 자의 방패시니라."
(잠언 30장 5절)

**우리를 안전하게 지키시는 주님을 찬양합니다.**
요즘 사회에 '묻지마 사고'라는 무서운 범죄가 횡행하고 있습니다. 정말 우리 삶의 몇 분 뒤 일을 알 수가 없습니다. 이 불확실한 사회속에서 저를 지켜 주소서!

"여호와 하나님을 경외하는 자에게는 견고한 의뢰가 있나니 그 자녀들에게 피난처가 있으리라"(잠14:26)고 하신 주님! 매 순간 매 발걸음마다 저의 피난처가 되어주소서!
"사람을 두려워하면 올무에 걸리게 되거니와 여호와 하나님을 의지하는 자는 안전하리라."(잠29:25)고 하셨습니다
저의 매일의 삶을 주님께 의지합니다. 오늘도 살아가면서 당할 수 있는 모든 '묻지마 사고'로부터 저를 보호해주시고 오늘의 삶도 주님 안

에서 안전할 수 있도록 지켜 주소서!

참새도 주님께서 허락하시지 않으면 땅에 떨어지지 않는다고 하셨습니다.(마10:29) 우리의 모든 삶은 주님께 달려있습니다. 아무쪼록 선한 손을 저에게 내미시사 보호하시고 선한 길로 인도하소서! 저의 생명을 귀중히 여겨 주소서!
주님 은혜로 제가 크게 쓰임받게 하소서.
예수님의 이름으로 기도드립니다. 아멘!

〈대처법〉

1. 되도록 늦은 시간 외출을 삼간다.
2. 되도록 사람이 많은 곳으로 다닌다.
3. 가끔식 뒤를 돌아다 본다.
4. 수상한 느낌이 나는 사람과 거리를 둔다.

# 2일

# '흉기사고'로부터 저를 지켜주소서

오늘날 뉴스에 항상 빠지지 않고 등장하는 것이 '흉기사고'입니다. 칼이나 낫 등으로 사람을 상하게 하고 심지어 총으로 사람을 쏘는 사고까지 나고 있습니다. 이런 세상가운데서 안전할 수 있도록 기도합시다.

## 기도하기 전 읽고 묵상할 성구

"내가 다윗을 벽에 박으리라 하고 사울이 그 창을 던졌으나 다윗이 그의 앞에서 두 번 피하였더라."
(사무엘상 18장 11절)

"나는 손을 들어 여호와 하나님의 기름 부음을 받은 자 치기를 원하지 아니하였음이니이다."
(사무엘상 26장 23절)

"아브람아 두려워하지 말라! 나는 네 방패요 너의 지극히 큰 상급이니라."
(창세기 15장 1절)

항상 제 기도를 들어주시는 주님을 찬양합니다.
주님, TV에 하루도 빠짐없이 등장하는 것이 흉기사고입니다. 너무도 잔인하여 몸서리가 쳐집니다. 이런 세상속에서 저를 잘 보호해 주소서.
주님. 저의 안타까운 마음을 아시지요? 그러나 주님, 사울이 다윗을 창으로 치려고 했을 때 주님께서 다윗을 지키셨음을 압니다.(삼상18:11)

또한 악한 사울이었지만 그가 "여호와 하나님의 기름 부음을 받은 자"라는 이유로 무사하였음도 기억합니다.(삼상26:23) 주님은 기름부음 받은 자를 지키시는 줄로 믿습니다. 저를 기억하여 주소서!
저는 예수님을 구세주와 주님으로 믿습니다. 하나님의 자녀로 기름 부음을 받은줄 믿습니다. 그러므로 모든 위험으로부터 지켜주소서! 오직

이 험난한 세상가운데서 우리가 의지할 분은 주님 밖에 없습니다.

"두려워하지 말라! 나는 네 방패요 너의 지극히 큰 상급이니라."(창15:1) 하신 주님, 이 말씀을 믿습니다. 모든 흉기로부터 저의 방패가 되어주소서!

주님 은혜로 제가 크게 쓰임받게 하소서.

예수님의 이름으로 기도드립니다. 아멘

〈대처법〉

1. 말 다툼을 피한다.
2. 자극적인 표현을 삼간다(특히 상대방의 외모나 약점)
3. 되도록 상대방에게 양보한다.
4. 다른사람에게 원한이 될 만한 일을 하지 않는다.

# 3일
# '질식사고' 로부터 저를 지켜주소서!

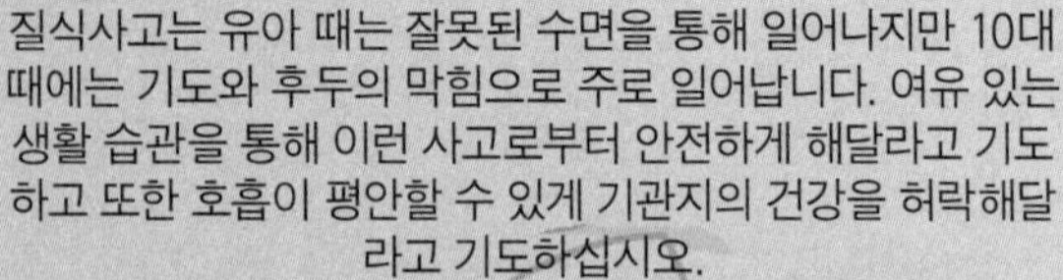

질식사고는 유아 때는 잘못된 수면을 통해 일어나지만 10대 때에는 기도와 후두의 막힘으로 주로 일어납니다. 여유 있는 생활 습관을 통해 이런 사고로부터 안전하게 해달라고 기도하고 또한 호흡이 평안할 수 있게 기관지의 건강을 허락해달라고 기도하십시오.

## 기도하기 전 읽고 묵상할 성구

"네 생명의 날이 대낮보다 밝으리니 어둠이 있다 할지라도 아침과 같이 될 것이요."
(욥기 11장 17절)

"여호와 하나님이 땅의 흙으로 사람을 지으시고 생기를 그 코에 불어넣으시니 사람이 생령이 되니라."
(창세기 2장 7절)

"주께서 낯을 숨기신즉 그들이 떨고 주께서 그들의 호흡을 거두신즉 그들은 죽어 먼지로 돌아가나이다."
(시편 104편 29절)

**우리에게 호흡을 주신 주님,**

**감사와 영광을 드립니다.**

주님이 주신 귀한 호흡으로 주님이 주신 비전을 온전히 이루는 일에 사용될 수 있는 제가 되기를 이 시간 기도합니다.

기도와 인후두가 막히는 질식 사고로부터 제가 안전하게 보호받기를 주님께 간구합니다.

제가 과도하게 큰 음식을 삼키거나 음료를 급하게 마시다가 체함으로 식도와 기도가 막히지 않게 하시고, 음식을 제대로 씹고, 천천히 마심으로 이러한 위험에 빠지지 않도록 여유 있는 생활습관을 갖게 하소서.

코의 질환으로 산소의 부족함을 겪지 않게 하시고, 충분한 산소의 공급으로 뇌와 혈관의 활동이 튼튼하게 해주소서. 친구들과의 장난을 조심하고, 잠을 자는 순간에도 호흡을 편하게 유지함으로 하나님이 주신 생기의 호흡을 생의 마지막까지 활기차게 유지할 수 있는 복을 허락해주소서.
주님 은혜로 제가 크게 쓰임받게 하소서.
예수님의 이름으로 기도합니다. 아멘.

〈대처법〉

1. 등산 중에 호흡이 모자랄 땐 잠시 쉬는 것이 좋고 그래도 호흡이 돌아오지 않을때는 하산하는 것이 좋다.
2. 씹기가 힘들 정도로 입에 음식을 넣지 않고 고기와 같이 질긴 음식들은 더 많이 씹는다.
3. 잠을 잘 때 이불을 너무 여러 겹 덮지 않고 머리까지 뒤집어쓰지 않는다.
4. 랩이나 비닐봉지 등으로 얼굴을 싸는 장난 및 벌칙은 하지 않는다.

# 4일
# '압사사고' 로부터 저를 지켜주소서!

우리는 보통 사람들이 많은 곳에서 생활합니다. 공동체 생활 속에서 일어나기 쉬운 사고 중 하나가 압사사고입니다. 이 사고는 사람이 많은 곳에서 갑자기 넘어졌을 때 뒤따라 오는 사람들이 미쳐 보지 못하고 밟을 경우 생깁니다. 이 사고는 학교 뿐 아니라 사람이 많은 지하철역이나 시내 도심가의 밀집 지역에서도 생길 수 있습니다.

## 기도하기 전 읽고 묵상할 성구

“여호와 하나님께서 너를 실족하지 아니하게 하시며 너를 지키시는 이가 졸지 아니하시리로다.”
(시편 121편 3절)

“대저 여호와 하나님은 네가 의지할 이시니라. 네 발을 지켜 걸리지 않게 하시리라.”
(잠언 4장 26절)

“여호와 하나님께서 너의 출입을 지금부터 영원까지 지키시리로다.”
(시편 121편 8절)

**주님! 언제나 우리를 지키심을 감사드립니다.**
저는 사람이 많은 곳에서 생활을 하고 있습니다. 그러다보니 때로 압사사고나 건물붕괴사고가 걱정이 됩니다. 주님, 저의 발을 지켜주셔서 위험하지 않게 해주소서!

주님께서 저의 출입을 항상 지켜주소서.
주님은 제가 의지할 분이십니다. 언제 어디서나 바른 판단력을 주시고 신중함을 주시사 불의의 사고를 당하지 않도록 도와주소서!

“여호와 하나님께서 너를 실족하지 아니하게 하시며 너를 지키시는 이가 졸지 아니하시리로다.”(시121:3)고 하셨습니다. 주님! 항상 저를 지키시는 줄 믿습니다. 저로 넘어지지 않게 하소서!

어떠한 상황 속에서도 안전하게 하소서!

제가 있는 곳에 질서를 허락하소서! 그리하여 어떠한 압사사고도 발생하지 않게 도와주소서! 저로 인해 그 곳에 질서가 있게 하소서! 주님 은혜로 제가 크게 쓰임받게 하소서. 예수님의 이름으로 기도드립니다. 아멘!

〈대처법〉

1. 되도록 사람이 붐비는 곳을 피하는 것이 좋다.
2. 되도록 출입구 쪽에 서 있거나 앉아있지 않는다.
3. 좁은 지역에 많은 사람이 몰릴 경우 최대한 벽 쪽에 붙어 선다.
4. 넘어졌을 경우 팔과 다리를 최대한 몸 쪽으로 끌어당겨서 몸을 웅크린다.

# 5일

# '일사병'과 '열사병'에서 저를 지켜주소서!

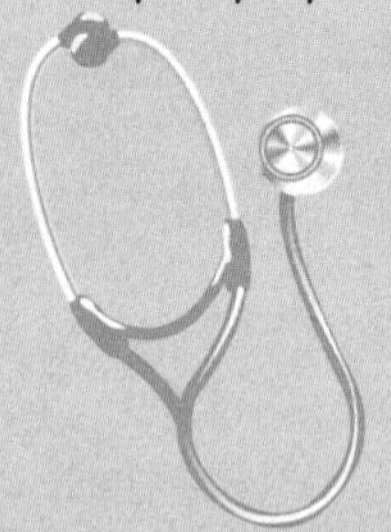

일사병과 열사병은 더운 여름철에 우리들이 가장 걸리기 쉬운 병입니다. 주로 학교에서의 체육활동때 많이 생기게 되는데 우리는 어른들과는 달리 판단력과 절제가 부족하여 쉽게 이 병에 노출이 됩니다.

## 기도하기 전 읽고 묵상할 성구

"여호와 하나님께서 네 오른쪽에서 네 그늘이 되시나니 낮의 해가 너를 상하게 하지 아니하며 밤의 달도 너를 해치지 아니하리로다."
(시편 121편 5절~6절)

"여호와 하나님께서 그들 앞에서 가시며 낮에는 구름기둥으로 그들의 길을 인도하시고."
(출애굽기 13장 21절)

"하나님 여호와께서 박넝쿨을 예비하사 요나를 가리게 하셨으니 이는 그의 머리를 위하여 그늘이 지게 하며 그의 괴로움을 면하게 하려 하심이었더라."
(요나 3장 6절)

**광야와 같은 세상에서**

**우리의 그늘이 되어주시는 주님께 감사드립니다.**

주님, 무더운 날이 되면 저의 건강이 우려가 됩니다. 특별히 야외활동을 하는 동안 일사병이나 열사병에 노출되지 않도록 도와주소서!

"여호와 하나님께서 네 오른쪽에서 네 그늘이 되시나니 낮의 해가 너를 상하게 하지 아니하며 밤의 달도 너를 해치지 아니하리로다."(시121:5-6) 라고 약속하신 말씀처럼 주님이 친히 저의 그늘이 되어주셔서 더위로 인한 상함이 없게 하소서!

이스라엘 백성들을 40년동안 광야에서 구름기둥으로 지키신 것 처럼 저를 또한 지켜주소서! 주님이 요나를 생각하셨듯 저도 생각하소서! 저의 머리 위에 그늘이 있게 하셔서 더위로 인한 괴로움을 면케 하소서! 광야같은 이 세상을 살아가는 동안 주님이 그늘이 되어주심을 저로 하여금 깨닫게 하소서!

오직 주님의 은혜와 능력 안에서 무더운 날들을 잘 보낼 수 있도록 지켜주소서! 주님의 사랑만이 저를 세울 수 있는 힘이 됩니다.
주님 은혜로 제가 크게 쓰임받게 하소서.
예수님의 이름으로 기도드립니다. 아멘!

〈대처법〉

1. 장시간 햇볕에 노출되는 것을 피한다.
2. 무더운 날씨(섭씨 30도이상)에는 되도록 야외 활동을 피한다.
3. 차가운 물을 많이 마셔서 수분을 보충한다.
4. 불가피한 야외활동시 이온음료나 소염제를 준비한다.

# 5일차 재난사고 대처법 복습

## 1일: 묻지마 사고 예방법

1. 되도록 늦은 시간 외출을 삼간다
2. 되도록 사람이 많은 곳으로 다닌다
3. 가끔식 뒤를 돌아다 본다
4. 수상한 느낌이 나는 사람과 거리를 둔다.

## 2일: 흉기사고 예방법

1. 말 다툼을 피한다.
2. 자극적인 표현을 삼간다(특히 상대방의 외모나 약점)
3. 되도록 상대방에게 양보한다.
4. 다른사람에게 원한이 될 만한 일을 하지 않는다.

## 3일: 질식 사고 예방법

1. 등산 중에 호흡이 모자랄 땐 잠시 쉬는 것이 좋고
   그래도 호흡이 돌아오지 않을 때는 하산하는 것이 좋다.
2. 씹기가 힘들 정도로 입에 음식을 넣지 않고 고기와 같이
   질긴 음식들은 더 많이 씹는다.
3. 잠을 잘 때 이불을 너무 여러 겹 덮지 않고 머리까지
   뒤집어쓰지 않는다.
4. 랩이나 비닐봉지 등으로 얼굴을 싸는 장난 및 벌칙은
   하지 않는다.

## 4일: 압사사고 예방법

1. 되도록 사람이 붐비는 곳을 피하는 것이 좋다.
2. 되도록 출입구 쪽에 서 있거나 앉아있지 않는다.
3. 좁은 지역에 많은 사람이 몰릴 경우
   최대한 벽 쪽에 붙어선다.
4. 넘어졌을 경우 팔과 다리를 최대한 몸 쪽으로
   끌어당겨서 몸을 웅크린다.

## 5일: 일사병과 열사병 예방법

1. 장시간 햇볕에 노출되는 것을 피한다.
2. 무더운 날씨(섭씨 30도이상)에는 되도록 야외 활동을 피한다.
3. 차가운 물을 많이 마셔서 수분을 보충한다.
4. 불가피한 야외활동시 이온음료나 소염제를 준비한다.

# 6일
# '버스 사고' 로부터 저를 지켜주소서!

버스사고는 우리가 주변에서 흔히 목격하거나 듣게 되는 사고입니다. 많은 사람들이 이용하는 교통수단이다보니 한 번 사고가 날 경우 많은 사람들이 다치거나 때로 죽기도 합니다.
버스사고로부터 지켜주시도록 기도합시다!

## 기도하기 전 읽고 묵상할 성구

"요셉의 형 열 사람이 애굽에 곡식을 사려고 내려갔으나 야곱이 요셉의 아우 베냐민은 그의 형들과 함께 보내지 아니하였으니 이는 그의 생각에 재난이 그에게 미칠까 두려워 함이었더라."
(창세기 42장 4절)

"나는 하나님이라! 네 아버지의 하나님이니 애굽으로 내려가기를 두려워하지 말라!"
(창세기 46장 3절)

"두려워하지 말라! 내가 너와 함께 함이라! 놀라지 말라! 나는 네 하나님이 됨이라. 내가 너를 굳세게 하리라! 참으로 너를 도와주리라! 참으로 나의 의로운 오른손으로 너를 붙들리라!"
(이사야 41장 10절)

**우리를 지켜주시는 주님의 은혜, 감사합니다!**

저는 오늘 이 시간 베냐민을 차마 애굽에 내려 보내지 못했던 야곱의 심정으로 기도합니다.

주님! 저도 때로 길 다니기가 무섭습니다.

주님! 지금 제가 타고 다니는 버스가 안전하게 운행되게 해주소서. 혹시 재난이 저에게 미치지 않게 해주소서.

주님! 도와주소서! "나는 하나님이라! 네 아버지의 하나님이니 애굽으로 내려가기를 두려워하지 말라!"(창46:3)고 하신 것 처럼 이 시간도 저에게 위로를 내려주소서!

"두려워하지 말라! 내가 너와 함께 함이라! 놀라지 말라! 나는 네 하나님이 됨이라. 내가 너를 굳세게 하리라! 참으로 너를 도와주리라! 참으로 나의 의로운 오른손으로 너를 붙들리라!"

(사41:10)고 하신 주님! 이 시간 주님의 의로운 오른손으로 저를 붙들어 주소서!

어떠한 사고도 나지 않도록 도와주소서!
저는 오직 주님의 손에 달려 있습니다. 주님의 손이 저를 지키시고 안전하게 해주소서!
주님 은혜로 제가 크게 쓰임받게 하소서.
예수님의 이름으로 기도드립니다. 아멘!

〈대처법〉

1. 탑승시 안전띠를 착용하고 안전띠가 없을 경우 가급적 좌석의 손잡이를 잡는다.
2. 서서 가는 경우 손잡이를 꼭 잡는다.
3. 운행 중 자리에서 일어나지 않는다.
4. 버스에서 내릴 때 먼저 좌우를 살핀다.

# 7일

# '지하철 사고'로부터 저를 지켜주소서!

2003년도에 대구에서 발생한 지하철 참사는 전 국민을 충격에 빠뜨렸습니다. 지하철은 지금 안전할까요? 가끔은 스크린 도어도 없는 역이 있는데 혹시 떨어지는 사고는 나지 않을까요? 안전을 위해 기도합시다!

## 기도하기 전 읽고 묵상할 성구

"지존자의 은밀한 곳에 거주하며 전능자의 그늘 아래 사는 자여."
(시편 91편 1절)

"나는 여호와 하나님을 향하여 말하기를 그는 나의 피난처요 나의 요새요 내가 의뢰하는 하나님이라 하리니."
(시편 91편 2절)

"천 명이 네 왼쪽에서 만 명이 네 오른쪽에서 엎드러지나 이 재앙이 네게 가까이 하지 못하리로다."
(시편 91편 7절)

**나의 피난처이신 주님을 찬양합니다.**

주님, 가끔 지하철을 타고가다보면 두려울 때가 있습니다. 지하에서 끔찍한 사고가 난다면 얼마나 큰 일이겠습니까? 주님, 저를 그 위험가운데서 보호해 주소서!

전에 있었던 대구 지하철 참사를 생각하면 두려울 때가 있습니다. 그러나 저는 오직 "지존자의 은밀한 곳에 거주하며 전능자의 그늘 아래"(시91:1)살게 해주소서. 그러한 참사가 저에게 닥쳐오지 못하게 하소서!

"천 명이 네 왼쪽에서 만 명이 네 오른쪽에서 엎드러지나 이 재앙이 네게 가까이 하지 못하리로다."(시91:7)고 하셨으니 저를 보호하사 모든 환난을 면하게 하소서!

주님은 우리의 피난처이시며 요새이시며 우리

가 의뢰하는 하나님이십니다. "그가 나를 사랑한 즉 내가 그를 건지리라!"(시91:14)하셨사오니 아무쪼록 저를 붙잡아주셔서 언제나 안전하게 해주소서! 아직 승강장에 스크린 도어가 없는 역도 많습니다. 혹시나 낙상하는 사고가 벌어지지 않도록 붙잡아 주소서!

주님 은혜로 제가 크게 쓰임받게 하소서.

예수님의 이름으로 기도드립니다. 아멘!

〈대처법〉

1. 소화기의 위치와 비상시 출입문 개폐법을 숙지한다.
   (각 객실마다 안내문이 부착되어 있다.)
2. 비상시 승무원의 안내를 따르되, 상황을 잘 판단해서 행동한다.
3. 열차가 들어올 경우 안전선 뒤로 한 걸음 물러난다.
4. 승강장에서 본인이 가장 앞에 서 있을 경우 열차가 들어올 때 슬쩍 뒤로 돌아서 있는것이 좋다.
   (간혹 뒷사람이 밀어서 사고가 나는 경우가 있다.)

# 8일
# '비행기 사고'로부터 저를 지켜주소서!

2013년 7월에 미국 샌프란시스코 공항에서 발생한
아시아나 여객기 추락사고는 우리에게 놀라움을 주었습니다. 하
마터면 대형참사로 이어 질 수 있었다는데
우리의 가슴을 철렁하게 만들었습니다.
비행기 사고는 많은 인명피해로 이어지게 됩니다.
비행기 사고를 당하지 않도록 기도합시다!

## 기도하기 전 읽고 묵상할 성구

"내가 주의 영을 떠나 어디로 가며 주의 앞에서 어디로 피하리이까? 내가 하늘에 올라갈지라도 거기 계시며."
(시편 139편 7절~8절)

"그가 너를 위하여 그의 천사들을 명령하사 네 모든 길에서 너를 지키게 하심이라."
(시편 91편 11절)

"하늘에서는 주 외에 누가 내게 있으리요!"
(시편 73편 25절)

**우주 만물을 주관하시는 주님을 찬양합니다.**
"하늘에서는 주 외에 누가 내게 있으리요!"(시 73:25)라는 말씀을 기억합니다.
주님, 저를 비행기 사고로부터 보호하소서! 아무것도 없는 망망대해와 같은 하늘이지만 그 곳에 주님이 계심을 믿습니다. 그 곳에서 우리의 모든 항로를 지키심을 믿나이다.

우리가 주님의 영을 떠나 어디로 가며 주님 앞에서 어디로 피하겠습니까? 우리가 하늘에 올라가도 주님은 그 곳에 계십니다. 그 곳에서 저를 든든히 지키심을 믿습니다.
"그가 너를 위하여 그의 천사들을 명령하사 네 모든 길에서 너를 지키게 하심이라."(시91:11)
주님, 저를 주님의 보호하심속에 돌봐주소서!

제가 타게 될 비행기를 평생 지켜주사 사고가 없게 하소서! 저로 하여금 주님과 더욱 가까이 있다는 은혜로움과 든든함 속에 안전한 비행여행을 하게 하소서!
주님 은혜로 제가 크게 쓰임받게 하소서.
예수님의 이름으로 기도드립니다! 아멘!

〈대처법〉

1. 출발 전 안내방송에 귀를 잘 귀울인다.
2. 비행기가 불시착했을 경우 승무원의 안내에 적극 따른다.(모든 항공사는 불시착시 90초안에 모든 승객들을 대피시키도록 승무원 훈련을 실시한다. 그러므로 승무원의 지시에 적극 협조해야 한다.)
3. 구명조끼는 비행기 안에서 착용하고 부풀리는 것은 탈출 후 한다.
4. 화재에 대비해 비상구 위치를 미리 확인해 둔다.

# 9일

# '선박 사고' 로부터 저를 지켜주소서!

2014년 4월에 발생한 세월호 침몰 사고는 대한민국에 집단 패닉현상을 가지고 왔습니다. 수많은 학생들이 사망했고 그로 인한 학부모들의 비통한 심정이 실시간 매스컴에 보도되었습니다. 선박사고도 비행기 사고에 못지않게 많은 인명피해를 내게 됩니다. 안전을 위해 기도합시다.

## 기도하기 전 읽고 묵상할 성구

"네가 물 가운데로 지날 때에 내가 너와 함께 할 것이라. 강을 건널 때에 물이 너를 침몰하지 못할 것이며."
(이사야43장 2절)

"예수께서 깨어 바람을 꾸짖으시며 바다더러 이르시되 잠잠하라 고요하라 하시니 바람이 그치고 아주 잔잔하여지더라."
(마가복음 4장 39절)

"홍수가 땅에 사십 일 동안 계속된지라. 물이 많아져 방주가 땅에서 떠올랐고 물이 더 많아져 땅에 넘치매 방주가 물 위에 떠 다녔으며."
(창세기 7장 17절~18절)

**주님께서 우리의 구원이심을 감사합니다.**
세월호 사건을 보면서 큰 충격을 받았습니다. 만일 그 안에 제가 있었다고 생각하면 심장이 멎는 것만 같습니다. 그 사고에서 자녀를 잃은 부모들의 마음을 주님께서 특별하게 위로해 주소서.

주님, "네가 물 가운데로 지날 때에 내가 너와 함께 할 것이라. 강을 건널 때에 물이 너를 침몰하지 못할 것이며"(사43:2)라고 말씀하셨습니다. 주님, 제가 물 가운데로 다닐 때 해를 입지 않게 해주소서! 제가 탄 배가 안전할 수 있게 해주소서!

주님께서 노아가 탄 방주를 지키셨듯 제가 탄 배도 안전하게 해주시고 순조로운 항해가 되게 해 주소서!

폭풍과 바람마저도 잔잔하게 하셨던 주님!

바다 가운데서 주님의 손으로 저를 지켜주소서. 그 배의 대선장이신 주님을 신뢰합니다. 주님은 우리 삶의 선장도 되십니다. 저를 보호하소서!

주님 은혜로 제가 크게 쓰임받게 하소서.

예수님의 이름으로 기도드립니다. 아멘!

〈대처법〉

1. 갑판위에서 위험한 장난을 하지 않는다.
2. 선박위험감지시 우선 구명조끼를 입고 갑판 위로 나간다.(구명조끼를 입고 선내에 있는 것은 금물이다.)
3. 위험감지시 비상벨을 누른다.
4. 배가 기울어지기전 비상구를 통과해 구명보트쪽으로 이동한다.(비상구가 열리지 않으면 가까운 곳에 비치된 도끼로 창문을 깨고 이동한다. 승선 때부터 본인과 가장 가까운 비상구와 파쇄용 도끼의 위치를 확인해 둔다.)

# 10일

# '납치 사고'로부터 저를 지켜주소서!

1991년 3월에 대구시 달서군에서
5명의 초등학생들이 실종된 일명 개구리 소년사건은
많은 국민들의 가슴 속에 안타까움을 심어주었습니다.
왜 이렇게 실종되어야 합니까?
지금이야말로 안전을 위해
기도해야 할 때가 아닐까요?

## 기도하기 전 읽고 묵상할 성구

"이와같이 이 작은 자 중 하나라도 잃는 것은 하늘에 계신 너희 아버지의 뜻이 아니니라."
(마태복음 18장 10절)

"하나님이 자기 형상 곧 하나님의 형상대로 사람을 창조하시되 남자와 여자를 창조하시고."
(창세기 1장 26절)

"이제 주의 종으로 그 아이를 대신하여 머물러 있어 내 주의 종이 되게 하시고 그 아이는 그의 형제들과 함께 올려 보내소서! 그 아이가 나와 함께 가지 아니하면 내가 어찌 내 아버지에게로 올라 갈 수 있으리이까?"
(창세기 44장 33절~34절)

**우리를 지켜주시는 주님을 찬양합니다.**

주님! 제가 행여 불의의 사고를 당하는 일이 없게 해주소서! 세상의 모든 흉악한 시도로부터 저를 건져주시고 주님 품 안에서 안전하게 해주소서!

하나님의 형상인 저를 주님께서 보호해 주소서! "이와같이 이 작은 자 중의 하나라도 잃는 것은 하늘에 계신 너희 아버지의 뜻이 아니니라."(마18:14)고 하셨으니 저를 주님께서 지키시사 잃어버리지 않도록 해 주소서!

저로 하여금 주님이 오실 때까지 이 땅에서 가족과 함께 있게 해주소서. 나를 납치해가려는 모든 시도로부터 저를 지키시고 저를 선히 인도해 주소서.

주님 저는 주님의 자녀입니다. 주님께서 저를 지

켜주소서!

저로 인해 우리 가문이 더욱 빛나게 하소서!

부디 저를 지켜 주소서!

주님 저를 안전하게 보호해 주소서!

주님 은혜로 제가 크게 쓰임받게 하소서.

예수님의 이름으로 기도드립니다. 아멘!

〈대처법〉

1. 낯선 사람이 말을 걸 때 되도록 신속히 피한다.
2. 낯선 사람이 도움을 요청할 경우 경계하고 옆 사람에게 도움을 요청한다.
3. 낯선 사람이 차량 안이나 차량 가까이에서 부를 경우 가까이 가지 않는다.
4. 각종 우편물이나 택배는 부모님이 집에 계실 때 함께 받고 낯선 사람에게 문을 열어주지 말고, 경비실이나 이웃에게 맡기게 하고, 어른들에게 전화로 확인한다.

# 10일차 재난사고 대처법 복습

### 6일: 버스사고 예방법

1. 탑승시 안전띠를 착용하고 안전띠가 없을 경우 가급적 좌석의 손잡이를 잡는다.
2. 서서 가는 경우 손잡이를 꼭 잡는다.
3. 운행 중 자리에서 일어나지 않는다.
4. 버스에서 내릴 때 먼저 좌우를 살핀다.

### 7일: 지하철사고 예방법

1. 소화기의 위치와 비상시 출입문 개폐법을 숙지한다. (각 객실마다 안내문이 부착되어 있다.)
2. 비상시 승무원의 안내를 따르되, 상황을 잘 판단해서 행동한다.
3. 열차가 들어올 경우 안전선 뒤로 한 걸음 물러난다.
4. 승강장에서 본인이 가장 앞에 서 있을 경우 열차가 들어올 때 슬쩍 뒤로 돌아서 있는 것이 좋다. (간혹 뒷사람이 밀어서 사고가 나는 경우가 있다.)

### 8일: 비행기사고 예방법

1. 출발 전 안내방송에 귀를 잘 귀울인다.
2. 비행기가 불시착했을 경우 승무원의 안내에 적극 따른다. (모든 항공사는 불시착시 90초안에 모든 승객들을 대피시키도록 승무원 훈련을 실시한다. 90초가 지나면

화재가 발생하기 때문이다. 그러므로 승무원의 지시에 적극 협조해야 한다.)
3. 구명조끼는 비행기 안에서 착용하고 부풀리는 것은 탈출 후 한다.
4. 화재에 대비해 비상구 위치를 미리 확인해 둔다.

**9일: 선박사고예방법**

1. 갑판위에서 위험한 장난을 하지 않는다.
2. 선박위험감지시 우선 구명조끼를 입고 갑판 위로 나간다. (구명조끼를 입고 선내에 있는 것은 금물이다.)
3. 위험감지시 비상벨을 누른다.
4. 배가 기울어지기전 비상구를 통과해 구명보트쪽으로 이동한다.(비상구가 열리지 않으면 가까운 곳에 비치된 도끼로 창문을 깨고 이동한다. 승선 때부터 본인과 가장 가까운 비상구와 파쇄용 도끼의 위치를 확인해 둔다.)

**10일: 납치사고 예방법**

1. 낯선 사람이 말을 걸 때 되도록 신속히 피한다.
2. 낯선 사람이 도움을 요청할 경우 경계하고 옆 사람에게 도움을 요청한다.
3. 낯선 사람이 차량 안이나 차량 가까이에서 부를 경우 가까이 가지 않는다.
4. 각종 우편물이나 택배는 부모님이 집에 계실 때 함께 받고 낯선 사람에게 문을 열어주지 않는다.

# 11일

# '화재 사고'로부터 저를 지켜주소서!

화재는 수시로 일어납니다.
불은 소중한 것이지만 잘못 사용하게 되면
인명과 재산을 빼앗아 갑니다.
여러가지 화재 참사는 우리에게
불에 대한 경각심을 불러 일으켜 줍니다.
순간의 불로 인해 생명을 잃지 않도록 기도합시다.

## 기도하기 전 읽고 묵상할 성구

"네가 불 가운데로 지날 때에 타지도 아니할 것이요 불꽃이 너를 사르지도 못하리니."
(이사야 43장 2절)

"총독과 지사와 행정관과 왕의 모사들이 모여 이 사람들을 본즉 불이 능히 그들의 몸을 해하지 못하였고 머리털도 그을리지 아니하였고 겉옷 빛도 변하지 아니하였고 불탄 냄새도 없었더라."
(다니엘 3장 27절)

"하나님이 그 지역의 성을 멸하실 때 곧 롯이 거주하는 성을 엎으실 때에 하나님이 아브라함을 생각하사 롯을 그 엎으시는 중에서 내보내셨더라."
(창세기 19장 29절)

**주님께서 우리의 주님 되심을 감사합니다.**

화재사고를 생각할 때 마다 한 순간의 실수로 모든 것을 잃을 수 있다는 것을 깨닫게 됩니다. 인간이 얼마나 어리석은 존재인지요?

주님! 아무쪼록 제가 화재의 위험에 처하지 않도록 보호해주소서! 화재가 저에게 범접하지 못하게 해 주소서!

"네가 불 가운데로 지날 때에 타지도 아니할 것이요 불꽃이 너를 사르지도 못하리니"(사43:2) 라고 하셨으니 제가 화재 사고를 당하지 않게 하소서!

다니엘의 세 친구가 화형을 받는 가운데서도 불이 그 몸을 태우지 못했듯 저에게도 동일한 은혜를 베푸소서! 주님께서 롯을 생각하셨듯 저를 생각하소서!

한 순간의 실수로 천하보다 귀한 생명을 잃는다면 이것은 너무도 큰 불행입니다.
주님! 우리 집 안에 이러한 불행이 없게 하소서! 주님을 섬기는 우리의 믿음을 보시사 저를 화재가운데서 내 보내소서!
주님 은혜로 제가 크게 쓰임받게 하소서.
예수님의 이름으로 기도드립니다. 아멘!

〈대처법〉

1. 가스밸브가 열려있거나 이상이 없는지 잘 점검한다.
2. 라이터나 성냥으로 장난을 하지 않는다.
3. 불 가까이에 불에 타는 물건이나 석유, 신나 등을 놓지 않는다.
4. 화재발생시 신속히 119에 신고하고 빨리 그 장소에서 이탈한다.

# 12일
# '세균간염' 로부터 저를 지켜주소서!

공기 중에는 눈에 보이지 않는 세균이 떠돌고 있습니다.
게다가 요즘은 환경오염으로 인한 신종세균의 출현으로 때로 심각한 질병을 유발하기도 합니다.
세균감염으로부터 지켜주시도록 기도합시다.

## 기도하기 전 읽고 묵상할 성구

"너희가 너희 하나님 나 여호와의 말을 들어 순종하고 내가 보기에 의를 행하며 내 계명에 귀를 기울이며 내 모든 규례를 지키면 내가 애굽 사람에게 내린 모든 질병 중 하나도 너희에게 내리지 아니하리니 나는 너희를 치료하는 여호와임이라."
(출애굽기 15장 26절)

"나는 여호와하나님을 향하여 말하기를 그는 나의 피난처요 나의 요새요 내가 의뢰하는 하나님이라 하리니 이는 그가 너를 새 사냥꾼의 올무에서와 심한 전염병에서 건지실 것임이로다."
(시편 91편 2절~3절)

"네가 말하기를 여호와하나님은 나의 피난처시라 하고 지존자를 너의 거처로 삼았으므로 화가 네게 미치지 못하며 재앙이 네 장막에 가까이 오지 못하리니"
(시편 91편 9절~10절)

**주님! 언제나 저희를 지켜주셔서 감사드립니다.**
요즘 여러 가지 세균 때문에 저의 건강에 대해 신경이 쓰입니다. 제가 부디 건강하게 해주소서! 어떠한 세균에도 간염되지 않게 해주소서!

"나는 여호와 하나님을 향하여 말하기를 그는 나의 피난처요 나의 요새요 내가 의뢰하는 하나님이라 하리니 이는 그가 너를 새 사냥꾼의 올무에서와 심한 전염병에서 건지실 것임이로다."(시91:2-3)라는 고백이 있게 하소서!

우리의 간절한 기도를 들으시는 주님!
간절히 바라는 것은 제가 건강하게 자라나는 것입니다. 건강하게 잘 자라서 주님께 크게 쓰임받게 해주소서.
주님, 간구하오니 저를 각종 세균과 전염병으로

부터 보호해 주소서.

주님의 은혜로 건강하게 자라게 해주소서!

주님의 손에 의탁하오니 저를 지켜주소서!

주님은 저의 든든한 의지이십니다.

주님의 역사하심으로 저의 면역력이 높게 하소서.

주님 은혜로 제가 크게 쓰임받게 하소서.

예수님의 이름으로 기도드립니다. 아멘!

〈대처법〉

1. 집 안과 신체를 청결히 한다.
2. 음식을 잘 살펴 먹는다.
3. 세균감염이 의심될 경우 빨리 병원으로 간다.
4. 예방접종을 받는다.

# 13일
# '태풍과 홍수' 로부터 저를 지켜주소서!

우리나라는 거의 매년 태풍이 찾아오고 있습니다.
태풍이 불게 되면 강한 바람을 동반한 많은 비가 내리게 됩니다.
그래서 홍수가 나는 곳도 많이 있습니다.
그 때 마다 인명피해도 많이 발생하게 됩니다.
태풍과 홍수로부터 지켜주시도록 기도합시다.

## 기도하기 전 읽고 묵상할 성구

"홍수가 땅에 사십 일 동안 계속된지라. 물이 많아져 방주가 땅에서 떠올랐고."
(창세기 7장 17절)

"그가 그의 이름을 모세라 하여 이르되 이는 내가 그를 물에서 건져내었음이라."
(출애굽기 2장 10절)

"오직 여호와하나님을 앙망하는 자는 새 힘을 얻으리니 독수리가 날개치며 올라감 같을 것이요."
(이사야 40장 31절)

**주님! 언제나 보호해주셔서 감사합니다.**
요즘 기상 이변으로 예상치 않은 폭우와 폭설과 폭풍이 세계 곳곳에서 발생되고 있습니다.
우주 만물을 주관하시는 주님!
저를 태풍과 홍수와 해일로부터 보호해 주소서!
이 땅에서 태풍을 두려워 하지 않는 유일한 존재인 독수리같이 되게 하소서! 오직 주님을 앙망함으로 태풍으로부터 보호받게 하소서!

주님! 노아홍수시절 온 땅을 덮는 큰 홍수가운데서도 노아의 일곱식구를 보호하셨던 것 처럼 저도 홍수의 피해를 받지 않도록 도와주소서!
저의 생명을 귀중히 여기시고 지켜주소서!

주님께서 모세를 물에서 건져내셨듯 저도 물의

위협으로부터 보호를 받게 하소서! 큰 물 가운데서 저를 붙잡아주소서!

태풍가운데 저를 보살펴주소서! 폭설에서도 지켜주소서! 태풍과 홍수와 해일로 인한 자그마한 피해도 입지 않도록 저를 도와주소서!

주님 은혜로 제가 크게 쓰임받게 하소서.

예수님의 이름으로 기도드립니다. 아멘!

〈대처법〉

1. 기상예보사항에 귀를 기울인다.
2. 계곡에 야영 중 물이 불어날 때 최대한 빨리 그 곳을 떠난다.
3. 태풍특보시 공사장 인근이나 산 주변을 피하며 안전한 장소로 대피한다.
4. 유리창과 창틀에 테이프를 붙여놓으면 창문파손을 예방할 수 있다.

# 14일

# '감전사고' 로부터 저를 지켜주소서!

감전사고는 순간입니다. 특히 태풍이 불어와 홍수가 났을 때
고압전선줄이 물에 닿게 되면 전류가 흐르게 되고
그 곳을 지나가는 사람이 감전되어
사망하게 되는 경우도 많습니다.
또한 일상 속에서도 감전사고의 위험은 곳곳에 널려 있습니다.
보이지 않는 살인자인 감전사고로부터
지켜달라고 기도합시다

## 기도하기 전 읽고 묵상할 성구

"내가 사망의 음침한 골짜기로 다닐지라도 해를 두려워하지 않을 것은 주께서 나와 함께 하심이라! 주의 지팡이와 막대기가 나를 안위하시나이다."
(시편 23편 4절)

"나를 기가 막힐 웅덩이와 수렁에서 끌어올리시고 내 발을 반석위에 두사 내 걸음을 견고하게 하셨도다."
(시편 40편 2절)

" 야곱의 하나님을 자기의 도움으로 삼으며 여호와 자기 하나님에게 자기의 소망을 두는 자는 복이 있도다."
(시편 146편 5절)

**우리를 안전하게 보호해주시는 주님을 찬양합니다.**

세상에는 정말 위험한 것들이 많고, 삶과 죽음은 순간이라는 것을 느낍니다. 이런 세상에서 저를 지켜 보호해 주소서.

주님, 저를 전기감전사고로부터 지켜주소서!

그 사고는 너무나 순간적이라 어떻게 손을 쓸 수도 없습니다. 일이 벌어졌을 때는 이미 늦어버립니다.

주님, 주님은 우리를 기가막힐 웅덩이와 수렁에서 끌어올리시고 우리의 발을 반석위에 두시는 분입니다. 주님을 도움으로 삼으며 소망을 두는 자가 복이 있다고 하셨습니다.

주님! 저를 갑작스러운 전기감전사고로부터 보호하시사 저로 하여금 재앙을 당하지 않게 하소서!

주님, 죽음의 위협으로부터 보호하소서!

"내가 사망의 음침한 골짜기로 다닐지라도 해를 두려워하지 않을 것은 주께서 나와 함께 하심이라! 주의 지팡이와 막대기가 나를 안위하시나이다."(시23:4)라고 늘 고백하게 하소서.

주님 은혜로 제가 크게 쓰임받게 하소서.

예수님의 이름으로 기도드립니다. 아멘!

〈대처법〉

1. 젖은 손으로 전기기구를 만지지 않는다.
2. 합선이 되었을 경우 먼저 두꺼비 집의 전원을 내려 전류를 차단한다.
3. 태풍이나 홍수때 가로등이나 전신주 주변으로 접근하지 않는다.
4. 전철 승강장에 들어갈 경우 낚시대는 가방에 집어넣고 풍선은 소지하지 않는다.

# 15일 '테러' 로부터 저를 지켜주소서!

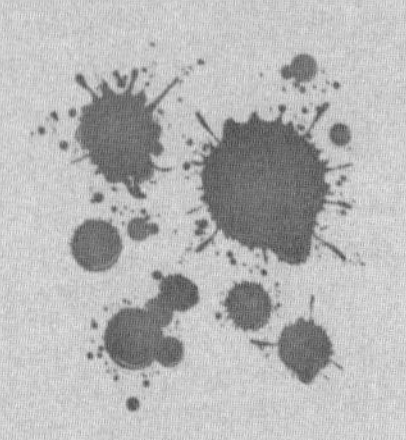

현재 이 세상은 '테러와의 전쟁' 중입니다. 지금 앉아있는 장소가 갑자기 폭발한다고 생각해 보십시오! 끔찍하지 않겠습니까? 바로 이것을 우리는 테러라고 부릅니다. 이것은 주로 국가와 체제에 대한 반란의 의도에서 벌어지는 일 들입니다. 이런일로 희생이 되지 않도록 기도합시다.

## 기도하기 전 읽고 묵상할 성구

"그일라 사람들이 나를 그의 손에 넘기겠나이까? 주의 종이 들은대로 사울이 내려오겠나이까? 이스라엘의 하나님 여호와여! 원하건대 주의 종에게 일러 주옵소서 하니 여호와께서 이르시되 그가 내려오리라 하신지라."
(사무엘상 23장 11절)

"다윗이 이르되 그일라 사람들이 나와 내 사람들을 사울의 손에 넘기겠나이까 하니 여호와 하나님께서 이르시되 그들이 너를 넘기리라 하신지라 다윗과 그의 사람 육백 명 가량이 일어나 그일라를 떠나서 갈 수 있는 곳으로 갔더니 다윗이 그일라에서 피한 것을 어떤 사람이 사울에게 말하매 사울이 가기를 그치니라 다윗이 광야의 요새에도 있었고 또 십 광야 산골에도 머물렀으므로 사울이 매일 찾되 하나님이 그를 그의 손에 넘기지 아니하시니라."
(사무엘상 23장 12~14절)

우리 생명을 주신 주님을 찬양합니다.
주님! 테러범이 언제 어디에 있는지 저희로서는 알 수가 없습니다. 하지만 주님은 다윗을 불확실성 가운데서 보호해주셨습니다.

그가 어디에 있으면 위험하고 어디로 가면 안전한지를 안내해주셨습니다. 그래서 다윗을 테러의 위협가운데서 건져주셨습니다.
주님, 저의 발길을 인도해 주소서!
그래서 테러의 위협이 있는 곳으로 가지 않게 하시고, 어떤 경우도 보호해 주소서!
지혜롭게 대처하게 하소서!

저를 테러범의 손에 넘기지 마시고 주님의 안전한 품 안에 안으소서! 주님만이 저를 안전하게 하심을 믿습니다.

"푸른 풀밭에 누이시며 쉴 만한 물가로 인도하신다!"(시23:2)고 약속하신 주님!
저를 안전한 길로 인도하소서!
모든일을 지혜롭게 처리할 수 있는 능력을 주시고, 어느 때나 마음을 강하고 담대하게 하소서.
주님의 자비로우신 인도하심을 바랍니다.
주님 은혜로 제가 크게 쓰임받게 하소서.
예수님의 이름으로 기도드립니다. 아멘!

〈대처법〉

1. 수상한 물건을 발견했을 경우 즉각 신고한다.(이 때 그 물건에 함부로 손을 대지 말고 반대방향으로 피신을 한다.)
2. 수상한 행동을 하는 사람이 보일 경우 즉각 신고한다.
3. 탈출을 할 때는 폭발물 제거반이 투입될 수 있는 길이 확보되도록 우측보행을 한다.
4. 민방위 훈련이 있을 경우 라디오나 TV를 통해 대처요령을 익혀둔다.

# 15일차 재난사고 대처법 복습

## 11일: 화재사고 예방법

1. 가스밸브가 열려있거나 이상이 없는지 잘 점검한다.
2. 라이터나 성냥으로 장난을 하지 않는다.
3. 불 가까이에 불에 타는 물건이나 석유,신나 등을 놓지 않는다.
4. 화재발생시 신속히 119에 신고하고 빨리 그 장소에서 이탈한다.

## 12일: 세균감염예방

1. 집 안과 신체를 청결히 한다.
2. 음식을 항상 익혀 먹는다.
3. 세균감염이 의심될 경우 빨리 병원으로 간다.
4. 예방접종을 받는다.

## 13일: 홍수,태풍으로부터의 예방법

1. 기상예보사항에 귀를 기울인다.
2. 계곡에 야영 중 물이 불어날 때 최대한 빨리 그 곳을 떠난다.
3. 태풍특보시 공사장 인근이나 산 주변을 피하며 안전한 장소로 대피한다.
4. 유리창과 창틀에 테이프를 붙여놓으면 창문파손을 예방할 수 있다.

## 14일: 감전사고 예방법

1. 젖은 손으로 전기기구를 만지지 않는다.
2. 합선이 되었을 경우 먼저 두꺼비 집의 전원을 내려 전류를 차단한다.
3. 태풍이나 홍수때 가로등이나 전신주 주변으로 접근하지 않는다.
4. 전철 승강장에 들어갈 경우 낚시대는 가방에 집어넣고 풍선을 소지하지 않는다.

## 15일: 테러 방지 요령

1. 수상한 물건을 발견했을 경우 즉각 신고한다.
(그 물건에 함부로 손을 대지 말고 반대방향으로 피신한다.)
2. 수상한 행동을 하는 사람이 보일 경우 즉각 신고한다.
3. 탈출을 할 때는 폭발물 제거반이 투입될 수 있는 길이 확보되도록 우측보행을 한다.
4. 민방위 훈련이 있을 경우 라디오나 TV를 통해 대처요령을 익혀둔다.

# 16일
# '교통 사고'로부터 저를 지켜주소서!

사람이 살면서 가장 당하기 쉬운 큰 사고가 교통사고입니다. 교통사고는 보행자가 아무리 조심해도 운전자로 인해 당할 가능성이 있습니다. 그렇기 때문에 더더욱 철저히 조심해야 하며 주의만으론 충분하지 않기에 기도해야 합니다.

## 기도하기 전 읽고 묵상할 성구

"만군의 하나님 여호와여 내 기도를 들으소서 야곱의 하나님이여 귀를 기울이소서"
(시편 84편 8절)

"또 다윗이 이르되 여호와 하나님께서 나를 사자의 발톱과 곰의 발톱에서 건져내셨은즉 나를 이 블레셋 사람의 손에서도 건져내시리이다 사울이 다윗에게 이르되 가라 여호와 하나님께서 너와 함께 계시기를 원하노라."
(사무엘상 17장 37절)

"네 길을 여호와 하나님께 맡기라 그를 의지하면 그가 이루시고."
(시편 37편 5절)

**만물을 주관하시는 주님을 경배합니다.**

과학이 발달될수록 삶은 더 복잡해지고, 걱정할 일이 많아지는 것 같습니다.
도로에서 당하는 모든 사고로부터
저를 지켜주시기를 간절히 기도합니다.

하루에도 많은 교통사고가 일어나고, 억울한 사고로 몸과 마음이 다치는 사람들이 많습니다.
그런 사고를 당하지 않도록 저를 지켜주시고 또 보호하여 주소서.

아무리 안전해 보이는 상황이라 하더라도 교통법규를 철저하게 지키도록 하시고, 위험한 도로와 장소에서는 더 주의하게 하소서.
다니엘과 세 친구를 환란에서 지켜주셨던 것같이 저를 지켜 보호해 주소서.

교통 법규를 무시하는 정신나간 운전자와 음주나 마약을 한 운전자와 만나지 않게 하시고, 자동차뿐 아니라 오토바이와 자전거와의 사고도 대비하게 하시고, 또 보호하여 주소서.
갑자기 끼어드는 차 때문에 위험을 당하지 않게 하소서.
주님 은혜로 제가 크게 쓰임받게 하소서.
예수님의 이름으로 기도합니다. 아멘.

〈대처법〉

1. 사소한 교통신호도 철저히 지킨다.
2. 이동 중에(특히 횡단보도를 건널 때) 스마트폰을 보거나 이어폰을 끼지 않는다.
3. 비오는 날에는 차의 속도가 느끼는 것보다 빠름을 기억해 주의한다.
4. 커브나 경사로처럼 시야가 제한된 곳은 더욱 주의한다.

# 17일

# '추락사고'로부터 저를 지켜주소서!

비행기나 패러글라이딩 같은 고공활동을 더 많이 하게 되면서 예전에는 상상조차 할 수 없었던 추락 사고들이 자주 일어나고 있습니다. 자주 일어나는 사고는 아니지만 한 번 일어나는 경우에는 목숨을 잃을 확률이 매우 크기 때문에 이런 사고로부터의 보호를 위해 기도하십시오.

## 기도하기 전 읽고 묵상할 성구

"그들이 그들의 손으로 너를 붙들어 발이 돌에 부딪히지 아니하게 하리로다."
(시편 91편 12절)

"참새 두 마리가 한 앗사리온에 팔리지 않느냐 그러나 너희 아버지께서 허락하지 아니하시면 그 하나도 땅에 떨어지지 아니하리라."
(마태복음 10장 29절)

"내 걸음을 넓게 하셨고 나를 실족하지 않게 하셨나이다."
(시편 18편 36절)

**언제나 우리를 지켜보시고**
**또 지켜주시는 주님을 찬양합니다.**
모든 높은 곳에서 떨어지는 사고로부터 저를 지켜주시기를 간구합니다.
사고에 대한 두려움과 불안함을 주님께서 기도의 응답으로 씻어주실 줄 믿습니다.

주님, 이제 앞으로 비행기를 타고 다니며 다양한 활동을 점점 더 많이 하게 되리라 믿습니다.
비행기를 타고 이동할 때마다 추락하거나 기체에 이상이 생기기 않게 해주소서.
또한 안전을 위한 탈출도구들이 잘 관리되어 있고, 승객의 안전을 생각하는 책임감 있는 기장과 승무원들을 만나게 하소서.

비행기 뿐 아니라 패러글라이딩과 같이 공중에

서 하는 모든 체험활동에도 동일한 보호의 은혜를 허락해 주시고, 특별히 안전장비의 문제가 생기지 않도록 모든 보호도구와 장비들을 지켜 주소서. 벼락이나 운석의 사고도 없게 하소서. 때때로 사고를 당하더라도 유두고와 같은 놀라운 치유의 기적이 저에게 임하게 하소서.
주님 은혜로 제가 크게 쓰임받게 하소서.
예수님의 이름으로 기도합니다. 아멘.

〈대처법〉

1. 비행기를 탈 때는 안전수칙을 필히 확인한다.
2. 익스트림 스포츠를 즐길 때에는 장비를 2번 이상 확인한다.
3. 밀폐된 공간에서 일어난 사고라고 더 당황할 필요는 없다.
4. 낙하산 이용 법을 비롯한 탈출 방법을 이미지 트레이닝 해본다.

# 18일
# '물놀이 사고' 로부터 저를 지켜주소서!

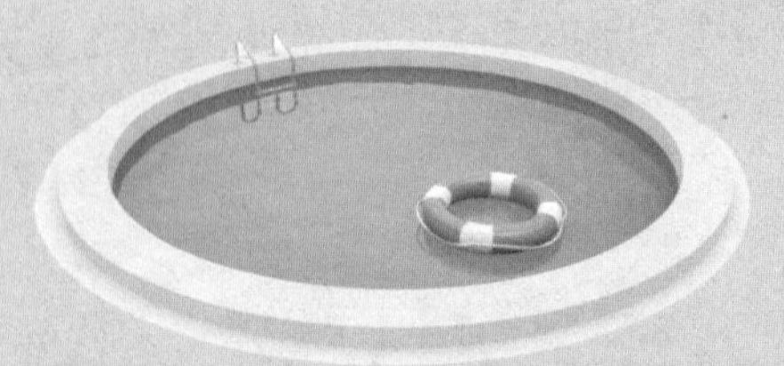

휴가철에는 즐거운 피서와 실내의 물놀이가 절대로 빠질 수 없습니다. 그러나 순간의 사고로 행복한 추억이 끔찍한 사건으로 변할 수도 있습니다. 나쁜 기상상황에는 무리를 하지 말고, 철저히 안전수칙을 지키면서 최악의 상황을 예비하십시오. 또한 준비 이외의 부분은 주님께 기도로 맡기고 저를 지켜주시고, 가족 혹은 친구들과의 좋은 추억이 될 수 있게 해달라고 기도하십시오.

## 기도하기 전 읽고 묵상할 성구

"바람을 보고 무서워 빠져 가는지라 소리 질러 이르되 주여 나를 구원하소서 하니 예수께서 즉시 손을 내밀어 그를 붙잡으시며 이르시되 믿음이 작은 자여 왜 의심하였느냐 하시고."
(마태복음 14장 30절~31절)

"이러므로 나의 마음이 기쁘고 나의 영도 즐거워하며 내 육체도 안전히 살리니."
(시편 16편 9절)

"주께서 말을 타시고 바다 곧 큰 물의 파도를 밟으셨나이다."
(하박국 3장 15절)

**폭풍과 풍랑을 잠잠케 하시는 능력의 주님!**
모든 물놀이의 사고로부터 안전하도록 간구하는 저의 기도를 들어주실 줄 믿습니다.
바다와 강, 계곡… 어디에있던지 모든 발걸음 가운데 저를 지켜주시기를 기도합니다.

너무 깊은 곳까지 들어가는 만용을 부리지 않게 하시고, 갑자기 깊어지거나 물살이 강해지는 곳을 찾아가지 않도록 지혜와 통찰력을 주시고 저와 함께 가는 사람들에게도 허락해주소서.
순간의 재미와 흥미보다 목숨과 가정의 평강이 더욱 중요한 가치가 있다는 것을 깨닫게 하소서.

물에 들어가기 전에는 반드시 준비운동으로 몸을 풀게 하시고, 운동을 통해 몸의 구석구석에 있는 근육들을 활성화시켜, 물놀이 중에 쥐가 나거나 정신을 잃는 등의 사고가 일어나지 않도록 해주소서!

구명조끼나 튜브 등을 완전히 구비하고 놀게 하시고, 물놀이 하러 가는 날짜와 시간에 궂고 위험한 날씨가 아닌 화창하고 맑은 날씨를 주시길 원합니다.

주님 은혜로 제가 크게 쓰임받게 하소서.

예수님의 이름으로 기도합니다. 아멘

〈대처법〉

1. 물에 들어가기 전에는 스트레칭을 5분 이상 한다.
2. 스트레칭은 심장으로부터 먼 곳부터 시작한다.
3. 물에서 40분 이상 놀지 말고 적절한 휴식을 취한다.
4. 물의 깊이와 수온, 당일 몸상태를 철저히 확인한다.

# 19일

# '폭발물 사고'로부터 저를 지켜주소서!

한국에서는 아직 큰 규모의 폭발물 사고나 테러가 일어난 적은 없습니다. 그러나 이런 사고를 예고하는 협박 전화나 기미 등은 점점 잦아지고 있습니다. 또한 개인적으로 폭발물을 제조하는 방법 등도 인터넷을 통해 퍼지면서 이런 사고가 일어날 확률이 높아지고 있는데, 아직 안전한 때에 이런 사고로부터 지켜달라고 더더욱 기도해야 합니다.

## 기도하기 전 읽고 묵상할 성구

"여호와 하나님께 노래하라 너희는 여호와 하나님을 찬양하라 가난한 자의 생명을 행악자의 손에서 구원하셨음이니라."
(예레미야 20장 13절)

"흑암과 사망의 그늘에서 인도하여 내시고 그들의 얽어맨 줄을 끊으셨도다."
(시편 107편 14절)

"주는 나의 은신처이오니 환난에서 나를 보호하시고 구원의 노래로 나를 두르시리이다."
(시편 32편 7절)

**모든 불의의 위험으로부터 우리를 지켜주실 주님을 경배합니다.**

국내외의 모든 폭발물 위협과 실제 테러로부터 안전하게 저를 지켜주실 줄 믿습니다.

국내에도 시시때때로 테러의 위협과 사고가 일어나고 있습니다.
이런 곳에서 벌어지는 폭발 사고로부터 안전하게 지켜주시고, 사람이 많은 곳에서 위험한 사고가 일어나지 않도록 저를 지켜주소서.

해외에 나가서도 테러로 인한 폭발물 사고를 당하지 않도록 지켜주시고, 위험 지역에 방문한다 해도 주님께서 늘 지켜 보호해 주시고 인도해 주소서. 누가 총을 쏴도 빗나가게 해 주소서. 특별히 천군천사를 보내어 보호하여 주소서.

소형 폭탄을 제조해 테러를 행하는 나쁜 사람들로부터 제가 안전하도록 도와주소서!
택배로 받은 물품의 발신인을 확인하고 확실할 때 개봉하게 하소서.
그리고 어느 곳에 갈 때에는 그곳의 정보를 사전 확인하는 지혜도 주소서.
주님 은혜로 제가 크게 쓰임받게 하소서.
예수님의 이름으로 기도합니다. 아멘.

〈대처법〉

1. 낯선 장소에 있는 상자나 기물을 건들지 않는다.
2. 속보를 통해 위협받고 있다고 나오는 장소에는 가지 않는다.
3. 낯선 사람에게 배달된 우편물은 출처를 반드시 확인한다.
4. 여행 위험 지역으로는 관광을 떠나지 않는다.

# 20일

# '낙하사고'로부터 저를 지켜주소서!

낙하사고는 추락사고보다 우리의 생활과 더욱 밀접한 연관이 있습니다. 학교의 높은 층에서 떨어지는 일도 실제로 빈번하게 일어나고 있으며 아파트나 건물 옥상 같은 곳에서 장난으로 인해 목숨을 잃는 학생들도 종종 뉴스에 나오곤 합니다. 이런 사고에 대해 경각심을 가질 수 있게 주님께 기도하고, 또 안전한 주위 환경을 허락해달라고 기도하십시오.

## 기도하기 전 읽고 묵상할 성구

"나를 눈동자 같이 지키시고 주의 날개 그늘 아래에 감추사."
(시편 17편 8절)

"여호와 하나님은 너를 지키시는 이시라 여호와 하나님께서 네 오른쪽에서 네 그늘이 되시나니."
(시편 121편 5절)

"만군의 여호와 하나님께서 우리와 함께 하시니 야곱의 하나님은 우리의 피난처시로다."
(시편 46편 11절)

**영혼의 빛과 구원이 되시는 존귀하신 주님!**
주님께서 보내신 천군천사가 늘 OO(이)를 호위하고 있음을 감사합니다.
전지전능 하신 주님께 의지하며 저의 간절한 마음으로 기도합니다.

높은 곳에서 떨어지는 모든 사고로부터 저의 안전을 지켜주시고, 위험한 상황이 생기지 않도록 도와주소서!

위험한 곳에는 올라서지 않게 하시고 재미와 호기심보다 안전을 더 생각하게 하소서!

피치 못할 사정으로 높은 곳에 올라갈 일이 생긴다 해도 항상 안전을 확인한 후에 올라가게 하시고, 주변에 장난기 있는 친구들이나 나쁜 사람들이 다가오지 않도록 보호해 주소서!

고층 빌딩이나 아파트나 건물에서 또 엘리베이터에서도 안전 수칙을 지키게 하소서.
순간의 실수로 심각한 부상을 당할 수도 있다는 사실을 늘 기억하여 조심하게 하소서.
주님 은혜로 제가 크게 쓰임받게 하소서.
예수님의 이름으로 기도합니다. 아멘.

〈대처법〉

1. 높은 건물에서는 창가에 가지 않는다.
2. 떨어질 위험이 있는 곳에서는 장난을 치지 않는다.
3. 바람이 강하게 부는 날은 옥상이나 높은 곳에 가지 않는다.
4. 장난으로라도 높은 곳에서 친구들을 위협하지 않는다.

## 20일차 재난사고 대처법 복습

### 16일: 교통사고 예방법

1. 사소한 교통신호도 철저히 지킨다.
2. 이동 중에(특히 횡단보도를 건널 때) 스마트폰이나 이어폰을 끼지 않는다.
3. 비오는 날에는 차의 속도가 느끼는 것보다 빠름을 기억해 방어한다.
4. 커브나 경사로처럼 시야가 제한된 곳은 더욱 주의한다.

### 17일: 추락사고 예방법

1. 비행기를 탈 때는 안전수칙을 필히 확인한다.
2. 익스트림 스포츠를 즐길 때에는 장비를 2번 이상 확인한다.
3. 밀폐된 공간에서 일어난 사고라고 더 당황할 필요는 없다.
4. 낙하산 이용 법을 비롯한 탈출 방법을 이미지 트레이닝 해본다.

### 18일: 물놀이 사고 예방법

1. 물에 들어가기 전에는 스트레칭을 5분 이상 한다.
2. 스트레칭은 심장으로부터 먼 곳부터 시작한다.
3. 물에서 40분 이상 놀지 말고 적절한 휴식을 취한다.
4. 물의 깊이와 수온, 당일 몸상태를 철저히 확인한다

## 19일: 폭발물 사고 예방법

1. 낯선 장소에 있는 상자나 기물을 건들지 않는다.
2. 속보를 통해 위협받고 있다고 나오는 장소에는 가지 않는다.
3. 낯선 사람에게 배달된 우편물은 출처를 반드시 확인한다.
4. 여행 위험 지역으로는 관광을 떠나지 않는다.

## 20일: 낙하사고 예방법

1. 높은 건물에서는 창가에 가지 않는다.
2. 떨어질 위험이 있는 곳에서는 장난을 치지 않는다.
3. 바람이 강하게 부는 날은 옥상이나 높은 곳에 가지 않는다.
4. 장난으로라도 높은 곳에서 친구들을 위협하지 않는다.

# 21일

# '성폭력 사고'로부터 저를 지켜주소서!

잘못된 성의식이 퍼져있는 사회와 무분별한 음란물의 확산으로 성폭력의 사고가 남자와 여자를 가리지 않고 매우 빈번하게 일어나고 있습니다. 특히 10대 때에는 이런 사고의 위험에 이중, 삼중으로 노출되어 있습니다. 육체적인 상처 뿐 아니라 심각한 정신적인 상처까지도 입게 되는 이런 성폭력 사고에 노출되지 않도록 더더욱 깨어 기도해야 합니다.

## 기도하기 전 읽고 묵상할 성구

"여호와 하나님께서 그를 황무지에서, 짐승이 부르짖는 광야에서 만나시고 호위하시며 보호하시며 자기의 눈동자 같이 지키셨도다."
(신 32장 10절)

"그러나 하나님이 그들을 쏘시리니 그들이 갑자기 화살에 상하리로다."
(시편 64편 7절)

"주는 악을 꾀하는 자들의 음모에서 나를 숨겨 주시고 악을 행하는 자들의 소동에서 나를 감추어 주소서."
(시편 64편 2절)

우리를 끝까지 사랑하시는 주님을 경배합니다.

요즘 사회가 남녀 불문하고 너무 성적으로 문란해 있다고들 합니다.

모든 성폭력의 위험이나 다른 사람들의 잘못된 욕구와 폭력으로 인해 제가 고통받는 일이 일어나지 않게 하소서.

잘못된 문화와 미디어의 영향력으로 점점 개방적으로 변해가고 있는 사회 분위기와 오남용 되고 있는 인터넷 음란문화로 점점 성범죄들이 사회적으로 용인되고 빈번히 일어나고 있는데, 이런 바람직하지 못한 분위기 속에서 제가 지혜롭고 순결한 몸과 마음을 가지게 하시고 옷차림과 행동에 신경을 쓰도록 해주소서.

또한 밤늦은 귀가길과 인적이 한적한 곳에서 도사리고 있는 성폭력의 위험으로부터 안전 할 수 있도록 천군천사를 보내주시고, 낯선 사람이 잘해준다는 이유로, 가까운 사이라는 이유로 함부로 마음을 열고 무작정 따라가지 않는 지혜와 용기도 허락하여 주소서.
주변에 항상 도움을 요청할 손길이 있도록 저를 주님께서 인도하소서.
주님 은혜로 제가 크게 쓰임받게 하소서.
예수님의 이름으로 기도합니다. 아멘.

〈대처법〉

1. 늦은 시간 귀가 시에 반드시 가족에게 마중을 부탁한다.
2. 누군가 따라오는 것 같으면 가족이나 친구와 전화 통화를 하며 간다.
3. 사고가 발생하게 되면 강하게 저항하며 큰소리로 도움을 요청한다.
4. 이성과 단 둘이 있는 장소를 피하고, 음료나 음주를 하지 않는다.

# 22일

# '독극물 사고' 로부터 저를 지켜주소서!

편의점이나 마트의 음식에 독극물을 주입해 일어나는 사고 소식을 뉴스를 통해 접해보았을 것입니다. 독극물로 인한 사고는 학교 급식, 실험시간, 일상 먹거리를 비롯해 완전 무방비 상태에서 당할 수 있고, 또 자칫하면 생명까지 잃을 수 있는 큰 사고입니다. 이런 사고의 순간을 당하지 않고 지혜롭게 분별할 수 있게 간절히 기도하십시오.

## 기도하기 전 읽고 묵상할 성구

“뱀을 집어올리며 무슨 독을 마실지라도 해를 받지 아니하며 병든 사람에게 손을 얹은즉 나으리라 하시더라.”
(마가복음 16장 18절)

“이에 퍼다가 무리에게 주어 먹게 하였더니 무리가 국을 먹다가 그들이 외쳐 이르되 하나님의 사람이여 솥에 죽음의 독이 있나이다 하고 능히 먹지 못하는지라 엘리사가 이르되 그러면 가루를 가져오라 하여 솥에 던지고 이르되 퍼다가 무리에게 주어 먹게 하라 하매 이에 솥 가운데 독이 없어지니라.”
(열왕기하 4장 40절~41절)

“내가 너희에게 뱀과 전갈을 밟으며 원수의 모든 능력을 제어할 권능을 주었으니 너희를 해칠 자가 결코 없으리라.”
(누가복음 10장 19절)

우리의 모든 것을 지으신 주님을 찬양합니다.
주님이 귀하게 창조하신 저를 주님께 맡기니 모든 위험으로부터 보호하여 주소서.
특히 매일 섭취하는 음식으로부터 해를 당하지 않게 하시고, 잘못된 화학약품으로 인한 해를 입지 않게 하소서.

편의점과 마트의 물건에 몰래 독극물을 넣는 파렴치한 사람들이 있다고 합니다.
이런 사건으로부터 피해를 당하지 않도록 저를 지켜주시고, 건강한 음식만을 섭취하게 하소서.
학교에서 실험 시간에도 위험한 물질은 조심해서 취급하게 하시고, 친구들과도 위험한 물질을 가지고 장난치거나 남에게 해를 끼치지 않게 하소서.
또한 지나친 음식 섭취는 독이 된다는 것을 깨

닫는 지혜를 주시고, 건강을 해칠 정도로 과식을 하지 않고, 몸에 나쁜 음식들을 섭취하지 않도록 식성과 습관, 내장의 건강을 주장하여 주소서.
주님, 제 몸이 주님의 성전임을 늘 기억하게 하소서.
주님 은혜로 제가 크게 쓰임받게 하소서.
예수님의 이름으로 기도합니다. 아멘.

〈대처법〉

1. 실험실이나 창고에 있는 시약들은 함부로 건들지 않는다.
2. 구입하는 음료나 음식은 개봉된 것이 아닌지 살펴본다.
3. 길거리에 버려진 음식들은 절대로 먹지 않는다.
4. 학교 급식이나 도시락의 냄새가 이상하다면 먹지 않는다.

# 23일

# '심장마비 사고'로부터 저를 지켜주소서!

심장의 기능에 아무런 문제가 없는 사람들도 특정 쇼크나 감전 등에 의해서 마비가 될 수 있습니다. 심장마비가 위험한 것은 즉각 목숨을 잃는 사고로 이어지기 때문입니다. 이런 쇼크 상태가 일어나지 않도록 기도하십시오.

## 기도하기 전 읽고 묵상할 성구

"여호와 하나님께서 사탄에게 이르시되 내가 그의 소유물을 다 네 손에 맡기노라 다만 그의 몸에는 네 손을 대지 말지니라 사탄이 곧 여호와 앞에서 물러가니라."
(욥기 1장 12절)

"여호와 하나님께서 사탄에게 이르시되 내가 그를 네 손에 맡기노라 다만 그의 생명은 해하지 말지니라."
(욥기 2장 6절)

"그가 내게 간구하리니 내가 그에게 응답하리라 그들이 환난 당할 때에 내가 그와 함께 하여 그를 건지고 영화롭게 하리라."
(시편 91편 15절)

심중에 이르기까지 말씀의 능력을 부어주시는 주님을 감사합니다.

저의 심장과 혈관을 강건하게 하시고, 생명의 중심이 되는 심혈관에 이상이 찾아오지 않도록 장기를 보호하고 사고를 예방하여 주소서.

심장에 무리가 가는 급격한 체온의 변화, 혹은 무리한 운동은 삼가도록 하시고, 심장에 이상 신호가 찾아올 때는 민감하게 반응해 즉각 행동을 멈추고 조치를 취할 수 있는 지혜를 허락하여 주소서.

심장이 건강할 수 있도록 혈관에 좋은 습관과 몸에 좋은 음식을 섭취하는 생활습관을 들이게 하소서.

또한 이유를 알 수 없는 질환이나 심장쇼크로

부터 저를 보호하여 주시고, 건강히 주님이 주신 삶을 살아가도록 해 주소서.
적당한 운동이 필요하다는 것을 깨닫고, 항상 시간을 내어 적당히 운동해 심신이 단련되게 하여 주소서.
그리하여 영육이 강건하게 하소서.
주님 은혜로 제가 크게 쓰임받게 하소서.
예수님의 이름으로 기도합니다. 아멘.

〈대처법〉

1. 몸에 급격한 온도변화를 주지 않는다.
2. 물놀이를 할 때 충분히 몸을 풀고 특히 주의한다.
3. 피로가 누적된 상태에서 무리한 운동을 하지 않는다.
4. 심장이나 맥박에 이상이 느껴지면 정밀진단을 받아본다.

24일

# '방사능 오염'으로부터 저를 지켜주소서!

후쿠시마에서 일어난 원자력 사고 때문에
인접한 우리나라의 피해가 막심합니다.
다행히 우리나라 바다에서는 아직 방사능이 검출되지 않았고,
공기와 수질도 오염이 되지 않았지만
식재료의 원산지 정확도를 비롯해
앞으로 방사능 문제는 점점 더 커질 전망입니다.
방사능의 위협으로부터 유전자를 안전하게 지켜주시고,
속히 일본의 방사능 사고가 수습되기를 기도하십시오.

## 기도하기 전 읽고 묵상할 성구

"주는 나의 은신처이오니 환난에서 나를 보호하시고 구원의 노래로 나를 두르시리이다."(시편 32장 7절)

"여호와 하나님 이시여 내가 깊은 곳에서 주께 부르짖었나이다."(시편 130편 1절)

"주께서 내 영혼을 사망에서, 내 눈을 눈물에서, 내 발을 넘어짐에서 건지셨나이다."
(시편 116편 8절)

주님, 오늘 하루도 새롭게 주심에 감사합니다.
오늘은 방사능으로부터의 보호와 마음의 안정을 찾는 제가 되기를 주님께 간구합니다.

전 세계 곳곳에서 방사능의 여파로 해산물을 비롯한 식재료의 안전이 위협을 받고 있습니다. 아무쪼록 오염되지 않은 해역의 음식을 섭취하게 하시고, 구입하는 재료들의 원산지가 바르게 표기되도록 판매자들의 양심을 지켜주소서.

버섯과 같이 방사능에 민감한 음식은 더더욱 조심하게 하시고, 각종 방사능으로부터 지켜주시되, 과학적으로 안전하다고 증명된 사실에까지 과민반응하지 않게 하소서.

주님이 주시는 평안이 찾아오도록 저의 마음과

건강을 주님께 의탁합니다.

그리고 주변국들로부터 핵폭탄의 실험이나 발사가 없게하여 주소서.

국가와 국가간, 대륙과 대륙간에 서로가 평화롭게 살게하소서.

주님 은혜로 제가 크게 쓰임받게 하소서.

예수님의 이름으로 기도합니다. 아멘.

〈대처법〉

1. 해산물, 농산물의 경우 원산지를 반드시 확인한다.
2. 성장기에는 먹어야 할 음식과, 먹지 말아야 할 음식을 구분한다.
3. 방사능 지역 근처로는 되도록 여행을 가지 않는다.
4. 성경적인 먹거리를 찾아본다.

# 25일

# '지진•해일사고' 로부터 저를 지켜주소서!

우리나라는 지진 안전 지대로 알려져 있습니다.
그러나 기상청의 관측자료를 검토해보면 몇 몇 곳에서
여진 수준의 지진이 점점 자주 발생하고 있습니다.
지진의 피해는 매우 심각하기 때문에 아주 잠깐의
흔들림으로도 큰 사고가 생기기도 하는데 방심하고 있을 때
더 큰 사고가 나는 법입니다.
이런 사고로부터의 안전하게 보호받기 위해 기도하십시오.

## 기도하기 전 읽고 묵상할 성구

“여호와 하나님께서 너를 지켜 모든 환난을 면하게 하시며 또 네 영혼을 지키시리로다.”(시편 121장 7절)

“민족이 민족을, 나라가 나라를 대적하여 일어나겠고 곳곳에 기근과 지진이 있으리니.”
(마태복음 24장 7절)

“하나님은 우리의 피난처시요 힘이시니 환난 중에 만날 큰 도움이시라 그러므로 땅이 변하든지 산이 흔들려 바다 가운데에 빠지든지 바닷물이 솟아나고 뛰놀든지 그것이 넘침으로 산이 흔들릴지라도 우리는 두려워하지 아니하리로다.
”(시편 46편 1절~3절)

우주만물을 지으시고 운행하시는 주님,
존귀와 영광을 받으소서.
지진과 해일의 안전지대로 알려진 우리나라이지만 점점 그 빈도가 잦아지고 있습니다.
이 땅에 임하는 모든 지진과 해일의 위협으로부터 저를 지켜주시기를 간구합니다.
이런 일이 일어나는 곳으로부터 저의 발걸음이 멀어지도록 도와주시고, 많은 사람들에게 피해를 주는 지진이나 해일이 일어나지 않도록 우리나라를 보호해주시고 지켜주소서.

지반이 흔들리는 순간 위험에 처할만한 곳이나 외진 곳에서 머물지 않게 하시고, 씽크홀과 같은 사고로부터도 안전할 수 있도록 저의 신변을 지켜주소서.
광야에서 이스라엘 백성들을 지켜주셨던 주님

의 은총이 저의 앞길에 함께 하기를 간구합니다. 그리고 지진 지대에 있게 될 때나, 해일 지역에 있게 될 때, 대처법을 참고하되 주님께 기도하고 그때 주님이 주신 지혜를 따라 행동하여 안전하게 하소서.

주님 은혜로 제가 크게 쓰임받게 하소서.

예수님의 이름으로 기도합니다. 아멘.

〈대처법〉

1. 지진이 발생하면 저층건물에 있는 경우 바로 빠져나온다.
2. 고층건물에 있는 경우 일단 책상 밑으로 몸을 숨긴 후 상황이 정리 된 뒤에 비상구를 이용해 탈출한다.
3. 지상에 있는 경우 지하철역과 같은 대피소로 몸을 피한다.
4. 해일이 일어나면 바닷가에서 먼 높은 곳에 올라간다.

# 25일차 재난사고 대처법 복습

## 21일: 성폭력 예방법

1. 늦은 시간 귀가 시에 반드시 가족에게 마중을 부탁한다.
2. 누군가 따라오는 것 같으면 가족이나 친구와 전화 통화를 하며 간다.
3. 사고가 발생하게 되면 강하게 저항하며 큰소리로 도움을 요청한다.
4. 이성과 단 둘이 있는 장소를 피하고, 음주를 하지 않는다.

## 22일: 독극물 사고 예방법

1. 실험실이나 창고에 있는 시약들은 함부로 건들지 않는다.
2. 구입하는 음료나 음식은 개봉된 것이 아닌지 살펴본다.
3. 길거리에 버려진 음식들은 절대로 먹지 않는다.
4. 학교 급식이나 도시락의 냄새가 이상하다면 먹지 않는다.

## 23일: 심장마비 예방법

1. 몸에 급격한 온도변화를 주지 않는다.
2. 물놀이를 할 때 충분히 몸을 풀고 특히 주의한다.
3. 피로가 누적된 상태에서 무리한 운동을 하지 않는다.
4. 심장이나 맥박에 이상이 느껴지면 정밀진단을 받아본다.

### 24일: 방사능 오염 예방법

1. 해산물, 농산물의 경우 원산지를 반드시 확인한다.
2. 성장기에는 먹어야 할 음식과 먹지 말아야 할 음식을 구분한다.
3. 방사능 지역 근처로는 되도록 여행을 가지 않는다.
4. 성경적인 먹거리를 찾아본다.

### 25일: 지진•해일 피해 예방법

1. 지진이 발생하면 저층건물에 있는 경우 바로 빠져나온다.
2. 고층건물에 있는 경우 일단 책상 밑으로 몸을 숨긴 후 상황이 정리 된 뒤에 비상구를 이용해 탈출한다.
3. 지상에 있는 경우 지하철역과 같은 대피소로 몸을 피한다.
4. 해일이 일어나면 바닷가에서 멀리 높은 곳에 올라간다.

26일

# '맹수와 진드기'로부터 저를 지켜주소서!

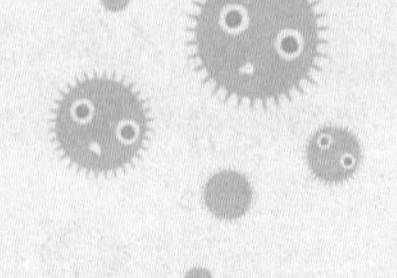

풀숲이나 풀밭에서 주로 서식하는 살인진드기는 백신과 치료제가 없는 심한 증후군을 인체에 옮깁니다. 감염률은 1%밖에 되지 않아 매우 희박하지만 실제 사망자가 일어났을 정도로 무시할 수 없는 사고입니다. 치료약이 없기 때문에 더더욱 철저히 예방해야 하고, 또 기도해야 합니다. 안전한 야외 활동을 위해 기도하십시오.

## 기도하기 전 읽고 묵상할 성구

"너를 인도하여 그 광대하고 위험한 광야 곧 불뱀과 전갈이 있고 물이 없는 간조한 땅을 지나게 하셨으며 또 너를 위하여 단단한 반석에서 물을 내셨으며."
(신명기 8장 15절)

"하나님이여 나를 지켜 주소서 내가 주께 피하나이다."
(시편 16편 1절)

"여호와 하나님은 나의 빛이요 나의 구원이시니 내가 누구를 두려워하리요 여호와는 내 생명의 능력이시니 내가 누구를 무서워하리요 악인들이 내 살을 먹으려고 내게로 왔으나 나의 대적들, 나의 원수들인 그들은 실족하여 넘어졌도다."
(시편 27편 1절~2절)

모든 것을 감찰하시는 주님을 찬양합니다.

풀숲과 숲 속에 있는 살인진드기의 위험으로부터 그리고 맹수나 독뱀 공격으로부터 저를 보호해 주시기를 간구합니다.

아직 백신과 치료제가 없는 감염으로부터 보호받도록 주님 도와주소서.

설마 내가 걸리겠어라는 안이한 마음을 갖지 않게 하시고, 수풀이 우거진 곳을 거닐 때마다 조심하며 진드기나 독충에게 물리지 않게 하소서.

진드기 퇴치를 위한 방역 작업이 우리 지역에 속히 이루어지게 해주시고, 1%의 감염확률이 아닌 100%의 안전한 확률이 저에게 임하게 하소서.

맨살로 풀밭에 접촉하지 않도록 주의하며 안전한 야외활동을 할 수 있도록 도와 주소서.
맹수를 만났을 때에도 침착하게 하시고 다윗이 곰과 사자를 조약돌과 막대기로 물리쳤듯이 주님의 도우심으로 물리치게 하소서.
주님 은혜로 제가 크게 쓰임받게 하소서.
예수님의 이름으로 기도합니다. 아멘.

〈대처법〉

1. 잔디밭을 이용할 때는 반드시 돗자리를 준비한다.
2. 산이나 풀숲에 놀러 갈 때 너무 짧은 소매의 상하의를 착용하지 않는다.
3. 집 인근에 살인진드기 사고가 발생했다면 해당 구청에 살처분을 요청한다.
4. 감염률은 1% 정도로 높은 확률의 사고는 아니므로 과도한 두려움은 갖지 않는다.

27일

# '승강기 사고' 로부터 저를 지켜주소서!

승강기 사고는 교통사고보다 확률이 높을 정도로 빈번한 사고입니다. 그러나 대처만 잘하면 대부분 큰 피해 없이 수습할 수 있는 사고이기도 합니다. 승강기 사고로부터의 보호를 구하는 기도와 함께 실제 사고가 발생해도 침착하게 대처할 수 있는 평정의 마음을 달라고 기도하십시오.

## 기도하기 전 읽고 묵상할 성구

"흑암과 사망의 그늘에서 인도하여 내시고 그들의 얽어 맨 줄을 끊으셨도다."
(시편 107편 14절)

"일어나 동네 밖으로 쫓아내어 그 동네가 건설된 산 낭떠러지까지 끌고 가서 밀쳐 떨어뜨리고자 하되 예수께서 그들 가운데로 지나서 가시니라."
(누가복음 4장 29절~30절)

"그의 제자들이 밤에 사울을 광주리에 담아 성벽에서 달아 내리니라."
(사도행전 9장 25절)

신실하게 보호하시는 주님을 찬송합니다.

우리가 이용하는 승강기나 케이블카로부터 안전할 수 있도록 저를 지켜주소서.

우리사회의 승강기나 케이블카 안전은 점검과 교체의 미비로 인해 자동차 사고율의 20배에 달하고 있다고 합니다. 이런 상황 속에서도 안전히 승강기를 이용할 수 있는 환경을 예비해 주시고, 또한 문제가 발생한다 하더라도 침착하게 대처할 수 있는 순발력과 용기를 허락해 주소서.

제가 승강기 사고가 난 상황에서도 무리하게 문제를 해결하려 하거나, 실의에 빠지지 않게 해주시고, 인터폰이나 핸드폰을 통해 속히 구조를 요청하고 안전하게 구출 될 수 있도록 주님께서 이끌어주시기를 간구합니다.

담당직원의 부재, 심각한 붕괴사고나 추락사고 같은 상황으로부터도 저를 지켜주소서.
뿐만 아니라, 승강기 안에서 못된 사람들이 선한 사람들을 헤치고 있습니다. 그런 사람들을 만나지 않게 하시고, 만나도 주님이 보내신 천사가 나를 지키고 있음을 보게 하소서.
주님 은혜로 제가 크게 쓰임받게 하소서.
예수님의 이름으로 기도합니다. 아멘.

〈대처법〉

1. 승강기 안에는 절대로 산소가 모자랄 일이 없으니 안심한다.
2. 내부에 비치된 비상연락버튼으로 차분히 상황을 알린다.
3. 비상연락버튼이 먹통일 때는 핸드폰을 사용해 119에 전화해 구조를 요청한다.
4. 강제로 문을 열려는 시도는 하면 안 되며 차분히 구조를 기다리는 편이 좋다.

# 28일

# '놀이기구 사고' 로부터 저를 지켜주소서!

스릴을 위해 즐기는 놀이기구는 철저한 안전이 보장되어야 합니다. 그러나 믿을만한 놀이공원에서까지 인명피해가 발생하는 위험한 사고가 일어납니다. 우리에게 이런 일이 일어나지 않도록 기도를 하고, 또한 놀이공원 사고로 목숨을 잃는 사고가 일어나지 않게 해달라고 기도하십시오.

## 기도하기 전 읽고 묵상할 성구

“궁핍한 자는 그의 고통으로부터 건져 주시고 그의 가족을 양 떼 같이 지켜 주시나니.”
(시편 107장 41절)

“나는 광주리를 타고 들창문으로 성벽을 내려가 그 손에서 벗어났노라.”
(고린도후서 11장 33절)

“여호와 하나님의 천사가 주를 경외하는 자를 둘러 진 치고 그들을 건지시는도다.”
(시편 34편 7절)

**우리를 창조하시고 기뻐하며 복 주시는 주님!**
놀이기구에 대한 아이들의 호기심이 높지만, 아주 위험합니다.
놀이기구의 모든 사고로부터 안전할 수 있도록 저를 지켜 보호하여 주소서.

철저한 점검으로 100% 신뢰할 수 있는 놀이공원이 되게 하시고 놀이기구의 안전사고가 일어나지 않게 도와주소서.
그리고 용기와 담대함도 배우게 하소서.
놀이기구를 즐기면서도 안전바와 벨트를 확실히 착용하고, 또 이상 유무를 확인하는 점검의 자세를 갖도록 저에게 일깨워주소서.

안전요원이 없거나 검증되지 않은 놀이기구를 타지 않게 하시고, 놀이기구를 타면서 영상이나 사진을 찍는 행동들을 하여 집중력이 분산되지 않도록 안전 습관을 가지게 하소서.
놀이기구를 타면서 담력을 갖게 해주시고 어느 환경에도 잘 적응하게 해주소서. 그리하여 거기서 배운 용기와 담대함을 사용하여 제가 주님을 잘 섬기게 하소서.
주님 은혜로 제가 크게 쓰임받게 하소서.
예수님의 이름으로 기도합니다. 아멘.

〈대처법〉

1. 놀이기구의 제한 체중과 키를 반드시 준수한다.
2. 어지럽거나 호흡이 힘든 경우 기구를 타지 않는다.
3. 외진 곳에서 따로 운영하는 허름한 기구는 타지 않는다.
4. 놀이기구 이용시 벨트를 반드시 착용하고 거듭 확인한다.

# 29일

# '뇌진탕 사고'로부터 저를 지켜주소서!

뇌진탕은 길을 가다 넘어지는 사소한 사고로부터 격한 체육 활동 같이 위험한 사고로까지 이어질 수 있는 이차사고입니다. 뇌의 손상은 신체기능의 손상까지 동반하는 경우가 많기 때문에 경미한 사고가 위험한 뇌진탕으로 이어지지 않도록 두개골과 뇌의 건강을 위해 기도하십시오.

## 기도하기 전 읽고 묵상할 성구

"주께서 내가 앉고 일어섬을 아시고 멀리서도 나의 생각을 밝히 아시오며."
(시편 139편 2절)

"거기서도 주의 손이 나를 인도하시며 주의 오른손이 나를 붙드시리이다."
(시편 139편 10절)

"주께서 나의 앞뒤를 둘러싸시고 내게 안수하셨나이다."
(시편 139편 5절)

우리의 생각과 행동을 지키시는 주님께 영광을 돌립니다.
모든 것을 주님께 맡깁니다.
머리를 부딪쳐 뇌에 충격을 받는 뇌진탕 사고가 일어나지 않도록 저의 일거수 일투족을 지켜주시기를 기도합니다.

특별히 욕실의 미끄러운 바닥에 넘어지지 않도록 도와주시고, 달려가다 무언가에 걸리는 것에서부터 격한 운동에 이르기까지 모든 뇌진탕의 가능성이 있는 위험으로부터 저의 삶을 보호 하소서.

또한 넘어지는 사고를 당하더라도 머리로 충격이 가지 않게 하시고, 크고 덜 민감한 부위로 충격을 흡수해 소중한 뇌를 다치지 않도록 도와 주소서.

주님의 인도하심을 믿고 의지합니다.

주님이 주신 귀한 재능과 비전이 담겨 있는 뇌를 모든 뇌진탕 사고로부터 주님께서 지켜주실 줄 믿습니다. 그리고 기억력이나 생각의 힘도 좋게 해주시고 그 모든 좋은 것을 통해 주님을 잘 섬기게 해주소서.

주님 은혜로 제가 크게 쓰임받게 하소서.

예수님의 이름으로 기도합니다. 아멘.

〈대처법〉

1. 운동 중에 충돌이 생겨 어지럼증이 생겼을 때는 즉시 병원에 간다.
2. 빙판이 많은 얼음길을 조심한다.
3. 샤워를 할 때 화장실 바닥에서 미끄러지지 않게 조심한다.
4. 넘어지며 어딘가에 부딪힐 때는 먼저 머리를 감싼다.

# 30일

# '그외 모든사고'로부터 저를 지켜주소서!

지금까지 우리는 여러 가지 있을 수 있는 사고로부터 보호해 달라는 기도를 드렸습니다. 하지만 이 세상에는 우리가 알지 못하는 사고들도 많이 있습니다. 모든 사고로부터 안전하도록 기도해야 겠습니다.

## 기도하기 전 읽고 묵상할 성구

"오직 내 말을 듣는 자는 평안히 살며 재앙의 두려움이 없이 안전하리라."
(잠언 1장 33절)

"여호와 하나님은 네게 복을 주시고 너를 지키시기를 원하며."
(민수기 6장 24절)

"여호와 하나님께서 너를 대적하기 위해 일어난 적군들을 네 앞에서 패하게 하시리라! 그들이 한 길로 너를 치러 들어왔으나 일곱 길로 도망하리라."
(신명기 28장 7절)

생사화복을 주관하시는 주님을 찬양 합니다.
여러가지 위험 중에도 저를 지켜주셔서 감사합니다. 이 광야 같은 세상을 살면서 우리는 오직 주님을 의지할 수밖에 없습니다. 우리가 아무리 잘 준비해도 주님이 돕지 않으면 허사임을 고백합니다.

세상의 어떠한 위험이 와도 제가 헤쳐나갈수 있는 힘을 주소서!
오직 주님 말씀 안에 살게 해주소서!
"오직 내 말을 듣는 자는 평안히 살며 재앙의 두려움이 없이 안전하리라."(잠1:33)고 하셨으니 저로 하여금 주님의 말씀의 인도를 받게 하시고 지켜 주소서!

다 아뢰지 못한 재난에서도 주님이 지켜주시길

기도하며, 지켜주시리라 믿습니다. 저를 주님께 온전히 의탁합니다. 살아가는 날 동안 평안을 주시고 위험에 처하지 않게 지켜주소서!
"여호와 하나님께서 너를 대적하기 위해 일어난 적군들을 네 앞에서 패하게 하시리라."(신28:7)
어떠한 사고에서도 항상 저를 붙들어주시고 지켜주소서.
주님 은혜로 제가 크게 쓰임받게 하소서.
예수님의 이름으로 기도드립니다. 아멘!

〈대처법〉

1. 사고는 대처보다 예방이 중요하다.
2. 사고 발생시 경솔은 금물이다. 침착히 대처하면 충분히 해결 할 수 있다!
3. 임의로 판단하지 말고 즉시 관계기관에 신고한다.(예: 119, 112)
4. 기타 비상연락망을 확보해둔다.(가족,친구 등)

## 30일차 재난사고 대처법 복습

### 26일: 맹수와 진드기 예방법

1. 잔디밭을 이용할 때는 반드시 돗자리를 준비한다.
2. 산이나 풀숲에 놀러 갈 때 너무 짧은 소매의 상하의를 착용하지 않는다.
3. 집 인근에 살인진드기 사고가 발생했다면 해당 구청에 살처분을 요청한다.
4. 감염률은 1% 정도로 높은 확률의 사고는 아니므로 과도한 두려움은 갖지 않는다.

### 27일: 승강기 사고시 대처법

1. 승강기 안에는 절대로 산소가 모자랄 일이 없으니 안심한다.
2. 내부에 비치된 비상연락버튼으로 차분히 상황을 알린다.
3. 비상연락버튼이 먹통일 때는 핸드폰을 사용해 구조를 요청한다.
4. 강제로 문을 열려는 시도는 하면 안 되며 차분히 구조를 기다리는 편이 좋다.

### 28일: 놀이기구 이용시 사고예방법

1. 놀이기구의 제한 체중과 키를 반드시 준수한다.
2. 어지럽거나 호흡이 힘든 경우 기구를 타지 않는다.
3. 외진 곳에서 따로 운영하는 허름한 기구는 타지 않는다.

4. 놀이기구 이용시 벨트를 반드시 착용하고 거듭 확인한다.

## 29일: 뇌진탕 예방법

1. 운동 중에 충돌이 생겨 어지럼증이 생겼을 때는 즉시 병원에 간다.
2. 빙판이 많은 얼음길을 조심한다.
3. 샤워를 할 때 화장실 바닥에서 미끄러지지 않게 조심한다.
4. 넘어지며 어딘가에 부딪힐 때는 먼저 머리를 감싼다.

## 30일: 질식사고 예방법

1. 사고는 대처보다 예방이 중요하다.
2. 사고 발생시 경솔은 금물이다.
   침착히 대처하면 충분히 해결 할 수 있다!
3. 임의로 판단하지 말고 즉시 관계기관에 신고한다.
   (예: 119, 112)
4. 기타 비상연락망을 확보해둔다.(가족,친구 등)

## 외국의 재난 재해 예방법

외국의 몇 나라는 재난 상황을 연출해 직접 몸으로 부딪쳐 체득하는 훈련을 실시한다.
또 국민들이 각종 재해를 모의체험할 수 있도록 국민방재센터를 운영하고 있기도 한다.
만일의 사태에 대비하여 국민들이 실제로 각종 재해를 모의 체험하면서 재해 예방에 대한 지식·기술·행동력을 익힐 수 있도록 한 것이다.

우리나라에서도 정기적으로 민방위 훈련을 하지만, 좀더 진지하게 실전으로 생각하고 참여하는 것과 보다 다양한 훈련으로 승화시키는 것이 필요하며, 가정에서나, 교회에서나, 학교에서나, 지역사회에서... 필요한 훈련이다.
그러나 더 중요한 것은 천지 만물을 창조하시고, 운행하시는, 우리의 생사화복을 주관하시는 하나님께 안전을 맡기는 것이다!

"내가 사망의 음침한 골짜기로 다닐지라도 해를 두려워하지 않을 것은 주께서 나와 함께 하심이라 주의 지팡이와 막대기가 나를 안위하시나이다" (시편 23:4).

"여호와 하나님의 말씀에 … 내가 이제 일어나 그를 그가 원하는 안전한 지대에 두리라" (시편 12:5).

"여호와 하나님이시여 그들을 지키사 이 세대로부터 영원까지 보존하시리이다" (시편 12:7).

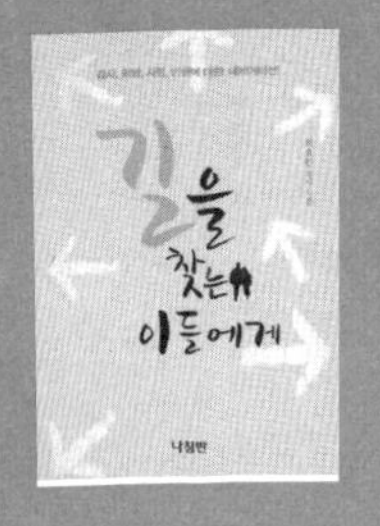


## 길을 찾는 이들에게

최요한 목사 지음

감사, 희망, 사랑, 인생에 대한 네비게이션!
고단하고 지친 영혼들에게는 삶의 응원가!
방황하는 영혼들에게는 삶의 안내서!
전도용/치유용/감사용/선물용!

## 쉘위브이

김준혁 외 4인 지음

라온누리 청소년 봉사단 이야기!
고딩 봉사활동 사용설명서!
순도100% 청소년 봉사단 라온누리의 나눔과 초청!

## 크딩들이여 화이팅!

- 크리스천 학생(크딩)들이 교회생활도 잘하고 입시준비도 잘해서 SKY+대에 입학한 평범한 학생 11명의 신앙생활과 공부비법 소개!
- 다양한 공부 방법을 통해 자신에게 맞는 공부 방법 찾기!
- 대입을 앞둔 학생과 학부모에게!
- 교회학교 부흥을 원하는 복회자에게!

**재난 재해 안전 무릎 기도문** 〈자녀용〉

엮은이 | 편집부와 박형우, 이성은
발행인 | 김용호
발행처 | 나침반출판사

1판 발행 | 2014년 8월 15일

등 록 | 1980년 3월 18일 / 제 2-32호
주 소 | 157-861 서울 강서구 염창동 240-21
블루나인 비즈니스센터 B동 1607호
전 화 | 본 사(02)2279-6321
영업부(031)932-3205
팩 스 | 본 사(02)2275-6003
영업부(031)932-3207

홈페이지 | www.nabook.net
이 메 일 | nabook@korea.com
nabook@nabook.net

ISBN 978-89-318-1482-8
책번호 바-1040

값은 뒷표지에 있습니다.